OPCIONES ILIMITADAS

OPCIONES ILIMITADAS
Cómo resolver sus problemas con el IRS sin perderlo todo

Expert
Press
www.ExpertPress.net

ISBN: 978-1-956220-34-6

Expert Press
2 Shepard Hills Court Little Rock, AR 72223 www.ExpertPress.net

Traducción: Sofía Jarrín Hurtado
Edición: Dana De Greff
Corrección de estilo: Lori Price
Corrección de pruebas: Heather Dubnick
Diseño: Emily Fritz
Diseño de la tapa: Casey Fritz

OPCIONES ILIMITADAS

CÓMO RESOLVER SUS PROBLEMAS CON EL IRS SIN PERDERLO TODO

ANTONIO NAVA, EA

TESTIMONIALES

Antonio es muy dedicado y enfocado como profesional en resolución de impuestos en dar servicio a los contribuyentes que necesitan asistencia fiscal. Su amplia experiencia le permite servir a sus clientes con las mejores opciones disponibles para la resolución de impuestos. Es un placer trabajar con él.

— **Jesús Abikarram,** *Enrolled Agent*

El Sr. Antonio Nava ha sido crucial para mi crecimiento como profesional de impuestos, no solo por su ejemplo sino por la manera en que me ha inspirado a crecer. Sin duda, es un apoyo para el crecimiento de la comunidad profesional de impuestos, ávida de información. Algo que he aprendido es que, como dice el Sr. Nava, "El conocimiento es poder". Hemos sido capaces de trabajar juntos en casos de resolución de impuestos para mis clientes, y gracias al Sr. Nava y a su equipo, su sabiduría y su enorme deseo de servir y compartir, he crecido profesionalmente. Le estoy sumamente agradecida y espero que los éxitos y bendiciones continúen en su carrera y en su vida.

— **Gladiola Unzueta,** *mentora financiera*

Conozco al Sr. Nava desde hace más de diez años y puedo atestiguar personalmente su desarrollo como profesional y como líder. Su conocimiento del código tributario, en combinación con su perspectiva única como empresario inmigrante, lo convierte en un gran recurso en cualquier negociación o sala de juntas. Su habilidad para descifrar leyes tributarias complejas y explicarlas en términos sencillos lo ha llevado a tener seguidores de profesionales de impuestos leales, que lo admiran y respetan. Espero con entusiasmo muchos más años de seminarios de negocios y reuniones sociales con el Sr. Nava.

— Antonio Martínez, *Enrolled Agent, Fundador de NEGOZEE*

Soy una de las personas que admira al Sr. Antonio Nava, no solo por ser una inspiración para mí, sino para todos los miembros de la industria en preparación de impuestos, para que seamos profesionales fiscales, lleguemos a un nivel superior y sintamos que tenemos la mirada puesta en una visión, proyección y futuro comunes, con responsabilidad. El Sr. Antonio no solo mantiene una energía positiva contagiosa, sino que además maneja un modelo de liderazgo digno de imitar, nos lleva a mejorar nuestra práctica como profesionales de impuestos, y, sobre todo, facilita nuestra práctica con resolución de casos ante el IRS. El Sr. Antonio es un modelo como profesional, como migrante, como ser humano, como líder de su vida propia, como líder de la industria y como ejemplo de qué tan lejos se puede llegar. Estoy muy agradecida por todo lo que el Sr. Nava nos ha brindado, por la manera en que nos inspira a prosperar y por mi aprendizaje junto a él, que ha sido un honor para mí. Gracias por llevarnos a otro nivel.

— Claudia Saenz, *Enrolled Agent y CEO de* ***Tax Solutions & Bookkeeping, mentora y*** ***entrenadora de negocios***

Conocer al Sr. Nava ha sido una de las experiencias más gratificantes de mi vida. Gracias a su experiencia evolucioné como preparadora certificada de impuestos y también me enseñó cómo administrar mi oficina. Uno de los métodos más efectivos que aprendí es su enfoque en convertir nuestra profesión en un negocio. Todavía estoy aprendiendo, gracias a su ayuda como instructor y la facilidad con la que describe su experiencia en la industria y su capacidad para ofrecer sus servicios. ¡Gracias, Sr. Nava!

— Liliana Mendez, EA, *especialista en* ***impuestos, agente tramitadora certificante del*** ***IRS***

Tuve el honor de conocer al Sr. Antonio Nava en 2018 en un evento sobre temas fiscales. Me llamó la atención su manera de enseñar y dar valor a nuestro trabajo. A finales del 2018 lo invité a dictar un seminario en San José, California, al que decidió titular "Cómo llevar su práctica a otro nivel", que fue todo un éxito; todos nos quedamos impactados por todo lo que habíamos aprendido. Los mismos estudiantes inmediatamente solicitaron que se realice otro seminario, por lo que el Sr. Nava tuvo que regresar a San José en octubre del 2019 para llevar a cabo otro seminario que fue también un éxito. Ha sido una bendición participar en las clases del Sr. Nava porque no solamente enseña la parte teórica, sino que nos enseña con casos de la vida real, lo que es invalorable para nosotros. No nos pide simplemente que leamos un libro, más bien nos anima a llevar nuestra práctica a otro nivel. Actualmente estoy colaborando con él en su programa "Resolución Tributaria" para ayudar a mis clientes con problemas fiscales y de auditoría. Gracias a este programa, mis clientes han podido resolver sus casos con éxito y han ahorrado mucho dinero. Mi vida profesional dio un giro de 365 grados desde que conocí al Sr. Nava, y he aprendido a valorar mis servicios. Me gustaría expresarle mi gratitud directamente por darme siempre consejos, aceptar mis llamadas sobre temas fiscales y por no dejarme sola. Le agradezco que me haya permitido colaborar para ayudar a más clientes con problemas fiscales y para que mi profesión avance. No tengo más que admiración por él, por su familia y por sus compañeros de trabajo.

— Mayra L. Rodríguez

CONTENTS

INTRODUCCIÓN

Este libro está dedicado a cualquiera que sienta que no puede encontrar una salida, o quizás crea que no existen alternativas a una situación difícil. Lo que he aprendido, una y otra vez a lo largo de mi vida, es que siempre hay opciones, lo importante es buscarlas, permanecer abierto a ellas y aparecerán en el momento más adecuado y oportuno para usted. Las oportunidades, sin embargo, no suelen llamar a la puerta y, por eso, muchas veces pasan desapercibidas por completo. Mientras lea este libro, le invito a permanecer alerta y abierto a oportunidades hoy, mañana y a futuro. En este libro discutiremos y exploraremos opciones para resolver sus problemas con el Servicio de Impuestos Internos (IRS) sin perderlo todo.

CAPÍTULO UNO

MI HISTORIA Y CÓMO LLEGUÉ HASTA AQUÍ

Nací en un pueblo muy pequeño en México llamado Chalchihuites, ubicado en el estado de Zacatecas. Crecí en una familia de recursos muy modestos, como el mayor de siete hijos. Todos, incluidos mis abuelos de ambos lados de la familia, fueron dueños de pequeños negocios, y mi padre tenía un pequeño puesto en el mercado donde siempre trabajaba. Tuve una infancia tranquila y feliz, pero mi vida cambió totalmente el viernes 16 de mayo de 1975. Esto fue poco después de pasar una semana con mi papá y mamá en mis primeras vacaciones con ellos durante un viaje a la ciudad de Guadalajara. Recuerdo que salimos un domingo y regresamos el jueves 15 de mayo. Al día siguiente mi padre, como todas las semanas, fue a la ciudad de Durango a comprar mercadería, frutas y verduras para el puesto en el mercado. Solía salir temprano, alrededor de las cinco de la mañana, y ese día no fue diferente.

Un poco más tarde aquella mañana, estaba en la cocina desayunando con mi mamá cuando alguien tocó a la puerta y dijo que mi padre había tenido un accidente con cuatro personas que viajaban en una camioneta con él, y que había muerto. Esto fue un gran choque porque a la edad de quince años no solo perdí a mi padre, sino que también me convertí en el hombre de la casa. Recuerdo a mi madre llorando desconsolada, pero yo no dije nada; no entendía cómo podía mi padre haber estado allí por la mañana despidiéndose y luego, de repente, ya no estaba más.

Ese día, y muchos días más, fueron muy dolorosos y difíciles para mí y para mi familia, y no lograba ver muchas opciones para nosotros en nuestra situación. Yo era el hijo mayor y sentía que tenía que encargarme de todo, a pesar de ser tan solo un niño. No solo habíamos perdido a mi padre, sino que también el dinero que obtenía de su puesto en el mercado. No teníamos dinero, y Chalchihuites no brindaba muchas oportunidades de empleo, sin mencionar que mi madre nunca había trabajado fuera del hogar. El día de su muerte la gente vino a darnos el pésame, pero nadie, excepto mis abuelos, nos ofreció apoyo verdadero. Simplemente seguían preguntándonos cómo íbamos a sobrevivir sin mi padre.

Aprendí algo importante ese día y en los días posteriores: aprendí que no podía quedarme sentado y hundirme en mi tristeza, o no hacer nada, y me dije a mí mismo que iba a cuidar de mi madre y de mis hermanos, no importara qué. Al poco tiempo comencé a hacer lo mismo que hacía mi padre todas las semanas, ir los jueves o viernes de Chalchihuites a la ciudad de Durango a comprar mercadería para venderla en la plaza del mercado los fines de semana, usando aquel dinero para mantener a mi familia.

Al mismo tiempo que trabajaba, también seguí estudiando en Durango de lunes a jueves. Eso duró un par de años, desde aproximadamente mayo del 1975 hasta octubre del 1977. Había estado estudiando para ser ingeniero, pero cuando falleció mi padre, decidí estudiar contabilidad. Durante mucho tiempo no me sentía contento, con nada ni con nadie, incluyéndole a Dios. Estaba de luto por la pérdida de mi padre, sin entender por qué tenía que ser el sostén de mi familia y lidiar con todas estas nuevas presiones. Pero luego las cosas empezaron a cambiar cuando empecé a sentir satisfacción de poder ayudar a mi madre y a mis seis hermanos. Para ser honesto, me sentía muy orgulloso de mí mismo y comencé a confiar nuevamente en Dios, a aceptar todo lo que había ocurrido y todo sobre lo que no tenía control. Incluso cuando pensamos que tenemos todo en contra, existen opciones.

En cuanto al puesto en el mercado, empezamos a perder clientela; era muy difícil para mí prestar atención en la escuela, así que finalmente dejé de ir a clases. Un día, un par de amigos decidieron ir a los Estados Unidos a buscar trabajo. Fui con ellos, cruzando la frontera sin ningún documento ni ningún plan real. Esto fue en los años ochenta, cuando todavía era fácil encontrar trabajo.

Trabajaba, ahorraba dinero y enviaba la mayor parte de las ganancias a casa para mantener a mi familia. Vivía en el sur del estado de California, muy cerca de la playa, en una casa con un montón de otros jóvenes y gente de mi pueblo. Todos estábamos trabajando y nos divertíamos. Me quedé y trabajé allí durante un par de años hasta que mi madre me pidió que regresara a México.

Para hacer el cuento corto: me casé en 1985 y tuvimos nuestro primer bebé en 1986. Decidimos que sería mejor vivir y trabajar en los Estados Unidos, así que regresé a California el 4 de julio de 1986, con planes de traer a mi esposa y a mi hija una vez que estuviera establecido. En ese entonces no entendía el idioma ni la cultura. Estaba solo, viviendo en el garaje de alguien que muy amablemente me abrió sus puertas, enfocado en encontrar trabajo. Sin embargo, fue difícil superar la barrera del idioma hasta que conocí a otro joven que me recomendó para trabajar en un restaurante y fue así cómo conseguí trabajo como lavaplatos.

No exagero cuando les digo que después de aquel primer día de trabajo mis manos casi sangraban y no podía sentir la espalda. Nunca antes había pasado tiempo en la cocina porque eso era lo que hacía mi mamá. Pero lo hice y trabajé duro. Un día, uno de los gerentes se me acercó (luego se convirtió en uno de mis mentores) y me dijo que no parecía un lavaplatos. Luego me preguntó a lo que me dedicaba en México. Cuando le dije, me contestó que, si estaba bien que yo trabajara allí por ahora, necesitaba encontrar una manera de salir de esa situación. Fue algo que me dejó pensando.

Esa conversación me motivó a trabajar más duro y a vivir bajo uno de mis lemas favoritos del autor y orador motivacional Jim Rohn que dijo: "Trabaja más de lo que te pagan como una inversión para tu futuro". Llegué a Estados Unidos un viernes 4 de julio de 1986. La primera pregunta que le hice a la persona que me abrió sus puertas fue dónde podía tomar clases de inglés, porque me dije a mí mismo que necesitaba entender el idioma para avanzar en la vida. Así que ahora estaba trabajando como loco y asistiendo a la escuela por las mañanas, dos horas, de lunes a jueves.

Después de algunos meses de trabajar como lavaplatos, le pedí al gerente que me diera la oportunidad de convertirme en ayudante de camarero. Si bien estuvo de acuerdo me dijo que no podían pagarme; aun así, yo tenía claro que solo quería la oportunidad de esa experiencia. Limpiaba mesas y más tarde pedí hacer lo mismo con el cantinero. Eventualmente, pasé a trabajar en todas las áreas del restaurante, excepto en la cocina. Claro, no me pagaban, pero lo tomé como una inversión para mi futuro. Y así ocurrió porque cada vez que necesitaban a alguien para suplir a algún ausente, ¿a quién cree que llamaban? Después de unos años me convertí en el subgerente general a cargo de las operaciones del restaurante, a cargo de más de cuarenta empleados. Y empecé lavando platos.

Lo que estoy tratando de decirle es que hay que buscar oportunidades en la vida. Cuando perdí a mi padre, encontré la oportunidad de continuar de alguna manera el trabajo que mi padre estaba haciendo cuando estaba vivo. Luego me fui a los Estados Unidos y luché por tener más de lo que tenía. No importa lo que hagamos, siempre debemos dar más de la remuneración que nos dan. Ese es mi mantra y es exactamente lo que he estado haciendo todos los días de mi vida: proporcionar más valor de lo que me pagan.

Un día sucedió algo muy importante. El dueño del restaurante dijo que quería abrir un restaurante en la ciudad de Newport Beach y que yo lo administrara. Era una gran responsabilidad y una buena oportunidad, así que la aproveché. Me mudé con mi familia del Valle de San Fernando a Costa Mesa, un barrio cerca de Newport Beach, en 1991. Empecé a trabajar allí y seguí asistiendo a la escuela, pero esta vez no fue para aprender inglés sino para sacar mi certificado en contabilidad.

Desafortunadamente, el restaurante no permaneció abierto, pero en lugar de buscar otro trabajo de inmediato, decidí concentrarme en obtener mi certificado en contabilidad en diciembre de 1993 y luego comenzar mi propio negocio, aunque solo teníamos $2 000 en la cuenta de ahorros. Una vez que obtuve mi certificado, comencé mi negocio desde nuestra casa, pero el problema era que no tenía clientes. Así que me levantaba temprano en las mañanas, con mi hija mayor que tenía siete años, y comencé a repartir volantes y tarjetas de presentación, totalmente convencido de mi objetivo. Casi al mismo tiempo, mi esposa recibió una llamada telefónica que me llevó a un hombre en San Clemente que tenía una pequeña práctica contable. Me dijo que tenía muy pocos clientes pero que probablemente me podía dar algunos consejos comerciales, si los quería. Conduje hasta San Clemente y después de hablar un poco con él, me ofreció venderme su práctica. Aparentemente, tenía otra oficina más cerca de casa; su viaje a la oficina de San Clemente todos los días era de más de 128 kilómetros. Le dije que estaba interesado pero que no tenía dinero, lo que nos dejó en una encrucijada.

Ambos queríamos que funcionara el trato, pero no parecía que iba a dar resultado. Poco después, me invitó a almorzar junto con otro amigo. Ambos tomaron algunas bebidas alcohólicas ese día, mientras que yo solo bebí agua. Todos se fueron por caminos separados y más tarde descubrí que lo detuvo la policía por manejar bajo la influencia del alcohol. Un par de días más tarde me llamó y me dijo que no podía conducir y que quería venderme su negocio, incluyendo unos 50 clientes, por $5 000. Dijo que podía pagarle en cuotas, así que acepté.

El viernes 28 de diciembre de 1993 recibí la llave y fui a la oficina — mi oficina — y abrí la puerta. La sensación que tuve al abrir la puerta de mi practica . . . bueno, ¡fue increíble! Era la oportunidad que había estado esperando toda mi vida; era por lo que había estado trabajando hasta ahora. Todo tomó su curso en mi vida profesional aquel día, y no he mirado atrás a partir de aquel día.

CAPÍTULO DOS

POR QUÉ ALGUNAS PERSONAS TIENEN PROBLEMAS FISCALES

Antes de profundizar demasiado en los detalles de por qué las personas se ven enfrentados a lidiar con problemas fiscales, es importante recordar que para minimizar el riesgo de tener un problema fiscal o del IRS, debe seguir los siguientes pasos: Primero, entregue su declaración de impuestos antes de la fecha de vencimiento; segundo, haga sus pagos de impuestos estimados a tiempo; tercero, si tiene personas trabajando para usted, haga una clasificación correcta de esos trabajadores (ya sea como empleados o contratistas independientes); cuarto, pague su impuesto sobre la nómina porque esos pagos atrasados y las multas pueden ser muy, muy altos; y, por último, tenga un sistema confiable para identificar sus ingresos y gastos para crear algunas estrategias de planificación fiscal y minimizar así su obligación fiscal ahora y en el futuro. Al principio, esto puede parecer mucho, pero cuando siga todos estos pasos, se sorprenderá de cómo pronto se convertirán en hábito y también le ahorrarán estrés, tal vez incluso hasta dinero a futuro. ¡Saldrá victorioso!

Es buena idea comprender y reconocer algunos de los errores comunes que comenten los empleados y empleadores para saber lo que debe tener en cuenta cuando tiene un negocio. Y no se preocupe si no sabe cómo presentar correctamente un formulario de impuestos o si tiene alguna pregunta: el IRS tiene mucha información en su sitio web en www.irs.gov, o puede contratar a un profesional para que le ayude. En el mejor de los casos, ahorrará tiempo y dinero a largo plazo y, en el peor de los casos, evitará una sanción del IRS (ambos son resultados positivos).

Para empezar nuestra discusión sobre las situaciones que generan muchos problemas con respecto a los impuestos, nos centraremos en aquellos que son empleados. Los siguientes son algunos de los errores más comunes:

- No tener la retención de impuestos correcta de su cheque de pago.
- Un estilo de vida caro.
- Reclamar créditos fiscales a los que no tiene derecho.
- Reclamar dependientes a los que no tiene derecho.
- No reportar todos los ingresos que recibe.
- La venta de un activo de capital.
- Cancelación de una deuda.

- Errores matemáticos.
- Detractores de impuestos (aquellos que piensan que pagar impuestos es ilegal).

Muchos de los problemas que surgen con los empleados comienzan con la retención de impuestos, o el monto de dinero que un empleador toma de los cheques de pago de sus empleados para pagar al IRS en su nombre.

Si usted, como empleado, no tiene la retención correcta de impuestos de su cheque de pago, tendrá un boleto gratis a un problema fiscal. En otras palabras, esencialmente está tomando dinero del gobierno y ellos no aprecian ese trato — como ninguna otra persona lo haría. Si se siente tentado a hacerlo, le diría que se ahorre la molestia y ¡no lo haga!

Para darle un ejemplo de mi propia experiencia, cuando tenía la práctica contable en San Clemente, recuerdo que había un restaurante caro a unos 16 kilómetros de mi oficina. De un día a otro empecé a perder clientes que eran empleados de ese restaurante porque habían encontrado un experto milagroso en preparación de impuestos que se especializaba en trabajar con los meseros y meseras. Este hombre decía ser un experto en preparación de impuestos para asalariados ... Lo menciono porque he visto a muchos empleados meterse en problemas al contratar a personas que dicen ser "expertos" en cualquier área específica en la que trabajan. En todas las áreas de trabajo, las personas intentan reclamar gastos que no tienen permitido reclamar, al igual que intentan reclamar dependientes y créditos, sin tenerlos. Si algo parece demasiado bueno para ser verdad, si le devuelven una gran cantidad de dinero o si alguien afirma que no tendrá que pagar ningún impuesto o el mínimo impuesto al IRS, mi mejor consejo es que corra en la dirección contraria.

Otra área que según lo que he visto pone a las personas en situaciones difíciles es su estilo de vida caro. Tiene sentido, ¿no es así? Mientras más dinero obtenga, más libertad tendrá para comprar cosas que antes no podía tener, y muchas personas comienzan a cambiar su estilo de vida, ya sea comprando propiedades o automóviles, tomando vacaciones costosas, comprando joyas y ropa, y otros bienes de lujo.

Eso está muy bien, debemos disfrutar de la vida mientras se puede, pero ¿qué sucede si de repente con este nuevo estilo de vida no tiene dinero para pagar sus impuestos atrasados? Puede que esto no sea tan terrible, pero sucede con demasiada frecuencia y lo que he visto es que estas personas continúan como si nada y terminan gastando más dinero del que tienen y cavan un hoyo más profundo en lugar de tratar de corregir ese comportamiento.

A veces, las razones por las que los empleados tienen problemas con el IRS tienen que ver más con reclamos incorrectos de créditos tributarios, a los que no son elegibles. Últimamente, también he visto problemas con personas que reclaman créditos fiscales relacionados con la educación superior. En mi propia oficina ha habido un repunte de estos casos y comencé a tener muchos clientes con problemas en esta área. Naturalmente, debido a que reclamaban créditos en educación, yo les hago preguntas sobre su educación y la mitad de las veces admitían que nunca fueron estudiantes universitarios. Desafortunadamente, el IRS no se ocupa de nuestros castillos en el aire o de lo que nos gustaría o no hacer, por lo que, si no se ha inscrito en una universidad, no tiene sentido solicitar un crédito educativo. Si piensa estudiar, asegúrese de que la institución participa en el programa de créditos educativos antes de inscribirse y realizar una inversión.

Otra situación que mete a la gente en problemas, y en la que el IRS está super pendiente, es reclamar dependientes a los que no tiene derecho reclamar. Potenciales clientes vienen a mi oficina queriendo reclamar a una persona como dependiente y luego, para ponerlos a prueba, cuando les pregunto si el dependiente es su pariente o vive con ellos, me dicen: "No, pero tengo su número de seguro social". Eso es absolutamente ilegal y nunca será condonado por el IRS. A veces las personas intentan engañar al sistema compartiendo niños, lo cual tampoco está permitido. En resumen, hacen reclamos por dependientes sin cumplir con las reglas, por personas sin estar relacionados a ellos o bajo su tutela — simplemente no puede solicitar ese tipo de crédito.

Por supuesto, se pueden cometer errores, tanto accidentalmente como a propósito. Errores matemáticos, por ejemplo, especialmente cuando los empleados intentan preparar sus propios impuestos usando programas como Turbo Tax. Si bien es un proceso intuitivo y simplificado, el problema con estos programas es que usted controla los resultados y, a veces, las personas crean los resultados que quieren ver, pero no necesariamente basados en la realidad. Puede sentir la tentación de cambiar los números en la declaración de impuestos, agregar un cero aquí o quitar un cero allí, pero eso lo meterá en problemas tarde o temprano; por lo tanto, si hace su propia declaración de impuestos, recuerde ser preciso, sí, pero también honesto.

También tenemos a detractores de impuestos, aquellos que sienten o creen que de alguna manera es ilegal pagar impuestos en este país. Este es un grupo que se mete en problemas fácilmente porque no presentan declaraciones de impuestos y, a veces, se niegan a hacerlo por años e incluso décadas. La cantidad de dinero que terminan debiendo cuando los atrapan puede arruinar sus vidas; al final no vale la pena pagar todas esas multas y tasas de impuesto extra en base a un sentido de justicia o por principio, o lo que sea. Los impuestos son lo que ayuda al gobierno con los costos de infraestructura, nuestras carreteras y escuelas, y ayudar a cuidar a los enfermos. Si lo ves de esa manera, si bien perder dinero puede ser doloroso o inconveniente a corto plazo, a largo plazo necesitamos impuestos para muchos de los beneficios que disfrutamos en este país. Finalmente, si no declara la venta de un bien de capital o la cancelación de una deuda, puede terminar con un impuesto adicional en su declaración.

Espero que este capítulo haya sido esclarecedor e informativo. A continuación, analizaremos más detalladamente a los propietarios de pequeñas empresas, incluidos los propietarios únicos y las entidades comerciales como sociedades, una compañía de responsabilidad limitada (LLC, por sus siglas en inglés) y corporaciones. Si este es su caso, querrá prestar mucha atención, y si no lo es, bueno, ¡nunca se sabe cuándo lo podría ser!

CAPÍTULO TRES

POR QUÉ ALGUNOS NEGOCIOS TIENEN PROBLEMAS FISCALES

Para empezar, quiero asegurarle que, si usted es dueño de una pequeña empresa y tiene problemas con el IRS, no está solo y siempre hay una salida. Si no tiene problemas, esta sección le permitirá asegurarse de mantener todo en regla. En base a décadas de experiencia trabajando con propietarios de pequeñas empresas, me he dado cuenta de que una de las principales razones por las que los negocios tienen problemas con el IRS es porque no llevan buenos registros y contabilidad. Cuando recibo nuevos clientes, una de las primeras cosas que solicito son sus informes financieros, un desglose detallado de sus ganancias y pérdidas, incluido el total de ingresos que recibieron durante el año a través de su negocio, así como los gastos calculados. Este tipo de informe es fundamental porque muestra las ventas totales de una empresa, así como la totalidad de sus gastos, y es aquí también a menudo donde comienzan los problemas.

Muchas veces los dueños de negocios suelen tener un resumen de ingresos y gastos, pero cuando lo miran más de cerca, los números simplemente no cuadran. A menudo, parece que alguien estaba apurado o se estaba inventando cifras, lo que me dice que no llevaban ningún registro en absoluto, o que los juntaron justo antes de reunirse conmigo, o al último minuto antes de pagar los impuestos el IRS. En otras palabras, es posible que el informe se haya elaborado simplemente para cumplir con la responsabilidad de presentar la declaración de impuestos y no para proporcionar una visión precisa del negocio.

El problema, por supuesto, es que el IRS invierte millones de dólares cada año para crear perfiles de contribuyentes, especialmente aquellos que son dueños de negocios, y los dividen por industria, servicios, profesión y actividad. Luego comparan cuidadosamente las ventas que tuvieron negocios específicos en un año fiscal y luego pasarán a los gastos que incurrieron. Cuando el sistema recibe la declaración de impuestos del propietario y ven que, por alguna razón, algo no cuadra, la declaración de impuestos se convertirá en un caso de auditoría. Y ahí es cuando no tendrá en donde esconderse porque al final del día, los números no mienten.

Por otro lado, lo que les digo a mis clientes es que, si tenemos un sistema de ganancias y pérdidas mensuales preciso, detallado y actualizado, podemos ver lo que está pasando de inmediato a partir del ingreso total que genera el negocio y los gastos totales. A partir de allí también podemos observar y calcular las ganancias y pérdidas netas, sin mencionar cómo su negocio está generando ingresos, y crear estrategias de planificación con el fin de reducir la responsabilidad fiscal de su negocio. Una de las cosas que sugiero, por ejemplo, es proporcionar beneficios a los empleados, comprar el equipo necesario para el negocio y comprar bienes raíces, dentro de muchas otras estrategias de planificación, pero ante todo necesitamos tener la contabilidad en orden. Es por eso que tener un informe financiero — un resumen muy preciso de los ingresos y los gastos — le brindará la oportunidad de crear un plan fiscal para el éxito y una estrategia para reducir su responsabilidad fiscal.

Otra situación que crea problemas para los dueños de su propio negocio es no hacer sus pagos de impuestos estimados. Por ejemplo, supongamos que un negocio genera $10 000 en ingresos cada mes; esto significa que cada tres meses (los pagos de impuestos estimados se realizan trimestralmente cada año) el propietario tendrá $30 000 en ingresos netos sobre los que legalmente debe pagar impuestos. De acuerdo con la regla establecida por el IRS, los impuestos que los dueños de negocios deben pagar ocurren en las mismas fechas preestablecidas todos los años (el 15 de abril, el 15 de junio, el 15 de septiembre y el 15 de enero).

Ahora, si no hace un pago, tendrá que ponerse al día con el pago que no hizo, y este se convertirá en más que un pago único ya que será la combinación del pago vencido atrasado, más el pago actual. Lo que he visto una y otra vez es que los propietarios no tienen el dinero porque ya se lo gastaron en otra cosa y ahora se encuentran en un hoyo aún más profundo. En este punto las personas comienzan a ponerse nerviosas o entrar en pánico y tal vez incluso intentan crear y compensar gastos adicionales que "olvidaron" reclamar para reducir sus obligaciones tributarias. Puede evitar todo esto pagando a tiempo cada trimestre y no confiar haciéndose ilusiones; cuando se trata del IRS, créame, tarde o temprano se dará cuenta de si los errores en su contabilidad.

Si usted es dueño de su propio negocio debe tener cuidado cuando solicita una extensión. He visto a muchos clientes atrasarse en los pagos, solicitar una extensión y no pagar, es decir, simplemente dejan que la obligación tributaria crezca aún más. No es raro para mí recibir clientes que no han pagado impuestos por años, y si bien no es imposible salir de la situación, cuanto más espera, más difícil se pondrá la situación. No es raro para mí recibir clientes que no han pagado impuestos por años, y si bien no es imposible salir de esa situación, cuanto más uno espera, esta será más complicada. También trabajo con clientes que vienen a mí sin ningún tipo de informe financiero o llegan solo con estados de cuenta bancarios. Y si bien un estado de cuenta ayuda a comenzar a obtener una imagen precisa de los ingresos y los gastos, no es la película entera.

Supongamos, por ejemplo, que usted trabaja en construcción y va a Home Depot a comprar algunos materiales para un proyecto, luego usa el recibo de la compra como prueba de un gasto en su declaración de impuestos. La pregunta del agente del IRS naturalmente va a ser ¿fueron estas compras de material en Home Depot para su negocio o para uso personal? Necesita más que un recibo como prueba, de lo contrario, ¿cómo afirmar que no estaba construyendo una casa propia con dinero del gobierno? Lo que le recomiendo es que cada vez que compre artículos para su negocio y al mismo tiempo compre algo para tus necesidades personales, utilice dos formas diferentes de pago.

Usted debe pagar el gasto comercial con una cuenta comercial (ya sea una tarjeta de crédito, tarjeta de débito o cheque) y sus artículos personales con un cheque bancario personal o una tarjeta de crédito/débito. De esta manera, creará un patrón que lo ayudará en el caso que algún día su declaración de impuestos sea seleccionada para una auditoría.

Un área que potencialmente puede crear problemas, y en la que no todos piensan, es no entender el idioma. Como ya lo mencioné anteriormente, cuando vine a los Estados Unidos no sabía nada de inglés. Por eso, por supuesto, tiene sentido que no haya entendido mis responsabilidades como contribuyente; muchas personas están en la misma situación incluso después de haber vivido aquí por años. Esto es común particularmente en estados como California, Texas y Florida, donde viven grandes poblaciones de migrantes. Algunas personas a veces siguen administrando su negocio sin aprender el idioma. El peligro aquí es que no tendrá en cuenta muchas de sus responsabilidades, no comprenderá las leyes fiscales y no cumplirá con los plazos definidos, lo que creará grandes problemas para usted y para su negocio, sin mencionar para sus empleados. Mi recomendación es contratar a alguien que le pueda asesorar y si usted no domina el idioma, no tenga miedo de pedir ayuda ya que hay muchos profesionales que hablan más de uno y con gusto le ayudarán, como yo.

Si bien mencionamos ya cómo los errores matemáticos pueden causar problemas a los propietarios de negocios, vale la pena entrar en más detalles aquí antes de pasar al siguiente capítulo. Cuando comencé a trabajar a principios de los años 1990, las computadoras no eran tan comunes como ahora, y créalo o no, tenía que preparar todas mis declaraciones de impuestos a mano. Como los seres humanos no somos perfectos, esto creaba errores matemáticos de vez en cuando, pero ahora casi todo se hace a través de software. La ironía es que con la llegada del software todavía se cometen errores todo el tiempo, no porque la computadora haya cometido un error, sino porque las personas ingresan números incorrectos en el sistema, por ejemplo, $5 000 en lugar de $500, ¡lo cual hace una gran diferencia!

Les advierto a todos los contribuyentes que resistan la tentación de engañar al sistema, porque eventualmente la verdad saldrá a relucir. El IRS se esfuerza mucho en monitorear a los contribuyentes, especialmente aquellos que tienen negocios y son responsables de los pagos de otras personas. También existe el desafío de mantener la calma y tomar decisiones inteligentes en cuanto a los gastos personales. A veces el dueño de un negocio ve sus ingresos fluir y comienza a cambiar su estilo de vida, pero lo hace muy rápido y demasiado pronto. Comprar la casa de sus sueños, el auto de sus sueños, tomar esas vacaciones esperadas, ir a esa cena elegante; los dueños de negocios deben comprender y tomar en serio el hecho de que algunos años serán buenos, pero no se puede tener un estilo de vida basado solo en los años fructuosos. También habrá malos. Por último, siempre aconsejo a los dueños de negocios invertir en un sistema de contabilidad, sin importar cuán pequeño sea, para su negocio. No digo que deba contratar a un contador público autorizado (CPA) al mayor precio posible, pero, como mínimo, debe dedicar algunas horas a la semana a sus libros de contabilidad y registros, idealmente en manos de un experto. Haga tiempo en su agenda para organizar sus recibos, ingresos y gastos totales para tener una imagen clara y así tener la oportunidad de tomar mejores decisiones para el futuro de su negocio. Ya sea que decida invertir tiempo o dinero, el departamento de contabilidad de su negocio debe ser una prioridad principal, junto con el pago puntual de impuestos sobre la nómina.

Teniendo todo esto en mente, pasaremos a lo que sucede si su declaración de impuestos es seleccionada para una auditoría, por qué esto sucede y las mejores estrategias para una resolución con éxito. Una nota final: si en algún momento está pensando en no presentar su declaración de impuestos porque no tiene el dinero para pagar el adeudo, aquella no es una buena idea. El IRS toma muy en serio las declaraciones morosas y usted será multado por no presentar su declaración antes de la fecha de entrega. Siempre es mejor opción presentar una declaración y buscar a alguien que pueda ayudarle a negociar su obligación tributaria.

CAPÍTULO CUATRO

LA AUDITORÍA DE UNA DECLARACIÓN DE IMPUESTOS

Hay algunas recomendaciones que quisiera ofrecerle con respecto a enfrentar una auditoría fiscal. Si se encuentra en esta situación, no entre en pánico, ya que siempre hay medios para lograr un fin, especialmente si lo hace junto a un profesional acreditado. Sin embargo, creo que es importante comenzar primero con una discusión sobre por qué el IRS llevaría a cabo una auditoría sobre una declaración de impuestos, y para hacer eso, necesitamos separar a los contribuyentes individuales de las empresas.

Cuando un individuo presenta una declaración de impuestos, por ejemplo, lo hace como empleado, como alguien que trabaja para otra persona. Eso, o tal vez, se trata de alguien que genera ingresos a través de inversiones o propiedades en alquiler y está recibiendo ingresos de algún tipo. También podría ser que tenga diferentes fuentes de ingresos como trabajador subcontratado — siempre y cuando no sean ingresos de un negocio propio (a menos que trabaje solo) — entonces presentaría una declaración como individuo. Digamos entonces que es hora de presentar una declaración de impuestos y debe dar cuenta de los ingresos que recibió durante el año. La mayoría de las veces esto es simple porque le llegarán formularios de su empleador, como el W-2, que es el más común de todos.

Por otro lado, si la persona tiene algunas inversiones, lo más probable es que también reciba algún tipo de formulario de la empresa que se encarga del dinero. Por ejemplo, si posee bienes raíces y tiene una empresa de administración de propiedades, recibirá algún tipo de desglose, como el alquiler recibido y los gastos generados por el negocio. En este caso, usted es responsable de sus propia contabilidad o registros de los alquileres que cobra. Cuando reciba esos formularios, es importante verificar su exactitud y tener una conversación con las personas que los completaron porque, al final del día, usted es la única persona responsable de que estén correctos. Otro paso importante es verificar que no le hagan falta formularios porque a veces estos se pierden, lo que lleva a presentar una declaración de impuestos incompleta.

Si por alguna razón el contribuyente no recibe un formulario específico — tal vez la empresa o la persona que debía enviar el formulario no lo envió, lo envió incorrectamente o se perdió en el correo — entonces la declaración de impuestos estará incorrecta.

Cuando el IRS reciba la declaración de impuestos, hará una comparación entre los ingresos declarados del contribuyente con los registros del IRS; si hay alguna diferencia, entonces le enviarán una carta. A esta carta se la conoce como la CP2000 que denota que, aunque recibieron su declaración de impuesto, la información proporcionada no coincide con sus registros. Una vez que reciba la carta, el siguiente paso será estar de acuerdo o no con esa decisión.

Si bien puede parecer obvio, es muy importante leer la carta detenidamente. Algunas personas no se dan cuenta de esto, pero el robo de identidad puede ocurrir cuando menos uno lo espera y puede causar estragos en sus finanzas si no presta atención. Esta situación está creando muchos problemas en todas partes, no solo en los Estados Unidos, por lo que quiero asegurarme de explicar en detalle lo que hay que tener en cuenta. Supongamos que recibe una carta del IRS que dice que recibieron su declaración de impuestos, pero los registros del IRS muestran que usted no declaró todos los ingresos generados. El IRS detallará la información en sus registros y es posible que descubra ingresos de diferentes fuentes que no reconoce. La lección aquí es no aceptar todo a ciegas, incluso del IRS: si sabe que no recibió ingresos de ciertas fuentes, entonces es su deber objetarlo y desmentir esta información, no solo para corregir errores, sino para asegurarse de no ser víctima de robo de identidad.

Otra razón por la que el IRS podría seleccionar una declaración de impuestos para una auditoría, aparte de números que no cuadran, es cuando las personas reclaman gastos o montos incorrectos en su declaración de impuestos. Por otro lado, si su empleador requiere que tenga una oficina en casa o usar su automóvil personal, en esos casos, podría reclamarlos bajo la categoría de gastos comerciales del empleado.

Solo recuerde anotar los montos correctamente, así, si el IRS tiene una pregunta sobre un gasto específico y selecciona a su declaración de impuestos para una auditoría, podrá respaldar sus gastos con comprobantes y recibos. La mayoría de las veces se tienen en cuenta las cuentas bancarias, pero lo que he descubierto es que muchos contribuyentes son muy creativos. Piensan que, si el IRS los audita, solicitarán su cuenta bancaria. Entonces no depositan todos los ingresos que reciben o depositan solo la cantidad mínima requerida en la cuenta bancaria, para que el IRS no encuentre el resto. Lamento decirle que las cosas no funcionan de esa manera, porque como toda persona, este contribuyente tiene un nivel de vida, un estilo de vida que delata su ingreso total posible. También hay que tener en cuenta que el IRS tiene derecho de ponerse en contacto con terceros como sus vecinos, familiares, proveedores y clientes. Entonces, es mejor jugar el juego con las reglas que ya existen; como dijo Jesús: "Dad al César lo que es del César".

Para la mayoría de las personas, es vergonzoso que el IRS pregunte a sus vecinos sobre su estilo de vida, como a dónde le gusta ir, cuántas vacaciones ha tomado, dónde está su bote o cuántos autos tiene, etc. No es una experiencia agradable, por así decirlo, por lo que en general la mejor regla es ser transparente y honesto. Si por alguna razón ha cometido alguna equivocación, bueno, ahora es el mejor momento para corregir sus errores. Y como dice el título de este libro, siempre tiene opciones para negociar sus obligaciones tributarias. Si no tiene el dinero, sí, las opciones serán limitadas, pero también es posible negociar algunas de las multas en base a varios programas del IRS.

A uno de estos programas se los conoce como reducción de la sanción por primera vez o causa razonable. Esto ocurre en situaciones en las que no tiene registros bien organizados, no porque no quiera hacerlo, sino debido a alguna emergencia como un incendio, una inundación o cualquier tipo de desastre que haya provocado la pérdida de sus documentos. Otra situación podría ser no haber recibido un buen consejo de un contador, lo que generó errores en su declaración de impuestos. Por supuesto, esto no significa que el IRS va a eliminar las sanciones automáticamente o por completo, pero la mayoría de las veces podrá intentar negociar y reducirlas.

Aquí cambiaremos de enfoque, nos alejaremos de los individuos para pensar por qué el IRS podría auditar una declaración de impuestos de un contribuyente propietario de un negocio (incluyendo entidades comerciales como negocios por cuenta propia, LLC y sociedades). En base a mi experiencia, lo más probable es que el IRS tenga preguntas sobre ítems específicos en las declaraciones de impuestos relacionadas con sus ingresos o sus gastos, o una combinación de ambos. ¿Por qué se da esta situación? Porque, como ya sabemos, al hacer su declaración de impuestos, usted informa al IRS haber obtenido una cantidad específica de ingresos y, a partir de ahí, el IRS comparará sus ingresos con lo que la industria a la que usted pertenece genera típicamente en su localidad. Si no declara este monto correctamente, su declaración de impuestos puede ser seleccionada para una auditoría.

También compararán otros negocios que generan aproximadamente la misma cantidad de ingresos, con el suyo, y si tienen o no gastos similares a los que usted declaró. Intentarán hacer coincidir la declaración de impuestos que usted ha presentado con la información de datos que el IRS tiene mediante una inversión de potencialmente millones de dólares, sin mencionar el tiempo. Van a comparar y cotejar esa información y, si surgen dudas, se acercarán a usted con preguntas sobre ítems específicos. Será seleccionado para una auditoría de su declaración de impuestos y recibirá una carta desagradable indicando que deberá llamarlos para programar una cita. Y aquí es donde el asunto se pondrá serio, y créame, no querrá ignorar sus cartas ni evitar reunirse con ellos.

A veces, estas citas con el IRS son en persona y otras veces se pueden hacer por teléfono, realmente depende de la situación. En el peor de los casos, un agente del IRS hará una visita a su negocio, literalmente, para ver cómo administra el negocio, cómo funcionan las cosas, quién trabaja allí y demás. Esta no es la situación ideal porque el oficial del IRS va a estar dentro de su negocio y entre todos sus empleados y clientes, y probablemente asumirán que está en problemas, lo que no se verá bien y agregará un aire de inquietud en el ambiente. A la gente le gusta hablar, y no será bueno para su negocio tener agentes del IRS allí en términos de apariencia, sin mencionar el estrés y la ansiedad que esta situación conlleva.

En términos de lo que sucede durante la auditoría de una declaración de impuestos tal cual, nos enfocaremos primero en el contribuyente. Y cuando me refiero al contribuyente, quiero aclarar que esto incluye a una persona o a una entidad comercial. Cuando usted, como contribuyente, recibe una carta que dice que su declaración de impuestos ha sido seleccionada para una auditoría, lo primero que debe hacer (y esto también le indicarán en la carta) es comunicarse con la persona indicada en la carta para concertar una conferencia telefónica o hacer una cita en persona.

Un consejo para los sabios: cuando haga la llamada telefónica, la mayoría de las veces el oficial del IRS será extremadamente amable y agradable, le dirá que la conversación será muy rápida y que solo tiene algunas preguntas que hacerle. Menciono esto porque muchas veces después de que las personas hablan con un agente del IRS, me llaman y me preguntan cuánto cobro por representarlos. Y yo, por supuesto, les haré algunas preguntas con la debida diligencia, a lo que la persona dirá: "El agente del IRS con el que hablé fue muy amable y me dijo que esto sería fácil, entonces, ¿por qué debería pagarle a usted o alguien más para que me represente si puedo representarme a mí mismo?" Y le entiendo, créame, puedo ver cómo esto sería una tentación. Pero en base a mis muchos años de experiencia, el peor error que usted puede cometer es representarse a sí mismo. A menos que sea un versado en código fiscal y en ley tributaria, será una situación muy complicada y terminará perdiendo tiempo y dinero. Estoy siendo transparente porque es algo que sucede a menudo, y quiero que las personas tengan conciencia de los riesgos de tomar todo al pie de la letra cuando se trata de pasar por una auditoría del IRS. No porque alguien es amable y amigable significa que el proceso será fácil ni que funcionará a su favor.

Después de programar una cita, entonces comenzará el verdadero trabajo y tendrá que organizar sus recibos. También deberá presentar sus estados de cuenta bancarios, o cualquier documento a ser examinado, tal como probablemente lo indica la carta original que le enviaron. Si la carta dice que quieren analizar sus ingresos, entonces deberá seguramente presentar sus cuentas bancarias porque quieren mirar sus guanacias. Si los ingresos no es el problema, no sea proactivo, no proporcione información que el IRS no está solicitando, simplemente cumpla con lo que le solicitan en la carta. Y si después solicitan algo que no estaba especificado en la carta, mi mejor consejo es decir algo como: "No estoy preparado para presentar esa información porque no estaba listada en la carta que recibí".

Para dar una mejor idea de la importancia de este proceso, voy a compartir una experiencia que tuve y que nunca olvidaré. Un día, estaba representando a un contribuyente en la oficina del IRS, y podíamos escuchar a las personas en la oficina de junto (las oficinas no son realmente oficinas, no hay paredes, son solo un montón de cubículos, y mientras uno no puede ver a la persona que está sentada al lado, puede escucharla). El auditor le preguntó a la persona si tenía más gastos que no había declarado. Y la persona dijo: "Sí, tengo más gastos". La pregunta que el agente quizás se estaba haciendo, como yo me la hice, fue ¿y por qué no enumeró esos gastos desde un principio? La realidad es que la mayoría de los contribuyentes piensan que cuantos más gastos tienen, menos impuestos pagarán o mayor será su devolución. La persona entonces continuó cavando un hoyo; le dijo al agente que estaba haciendo pagos mensuales por su carro, tenía gastos para su hijo que estaba en la universidad, un niño en clases de fútbol y otra en clases de ballet.

Entonces el agente dijo: "Bueno, está bien, ¿eso es todo?" El contribuyente, que no sabía nada sobre las leyes tributarias, dijo: "Sí, esos son los gastos que se me vienen a la cabeza, pero podrían haber más". Luego, el agente le informó que, con la información que le acababa de dar, la persona tenía un saldo de varios miles de dólares para pagar en impuestos. Recuerdo que hubo un gran silencio por parte del contribuyente, quien probablemente estaba pensando, si tengo todos esos gastos, ¿por qué tengo que pagar más impuestos? Pero el agente sabía lo que el contribuyente estaba pensando y de inmediato, antes de que el contribuyente tuviera la oportunidad de hablar, el agente dijo: "Estaba revisando su declaración de impuestos y con los ingresos que declaró, no hay manera de pagar todos esos gastos. Por lo que asumo que tuvo más ingresos de los que figuran en su declaración de impuestos; tiene esta responsabilidad fiscal porque no pagó impuestos sobre todos los ingresos recibidos".

Nunca olvidaré ese momento porque es un buen ejemplo de por qué no es aconsejable representarse a sí mismo en una auditoría: aquel contribuyente no tenía idea en lo que se estaba metiendo, y luego terminó con una mayor deuda, más estrés y una sensación de pánico. Y lo que generalmente sucede después que el cliente se ve enfrentado a la realidad es que acudirá a mí o alguien con similar experiencia para ayudarle con el desastre que creó. Menciono esto para ayudarle a evitar problemas y estrés innecesarios y, por supuesto, para ahorrarle tiempo y dinero. Al final del día, no vale la pena representarse a sí mismo a menos que esté bien familiarizado con la ley fiscal, algo que la mayoría de la población no lo es. Regresando al ejemplo anterior, cuando el auditor preguntó al contribuyente si tenía más gastos que reclamar, en realidad estaba preguntando por gastos empresariales, lo que alguien con experiencia hubiese entendido.

Aparte del agente del IRS, hay que debe tener en cuenta otras personas que estarán involucradas en lo que tiene que ver con pasar por una auditoría. Para empezar, el IRS puede enviarle un funcionario de cumplimiento tributario para generar nuevamente la auditoría de declaración de impuestos en su oficina, aunque durante la pandemia esto por lo general se hizo por teléfono. También puede ser que tenga que trabajar con un agente tributario, pero esto es más común con las declaraciones de impuestos de las empresas. Cuando los agentes tributarios visitan un negocio, querrán ver cómo se está llevando a cabo el negocio y querrán evitar sorpresas; por ejemplo, si la empresa reporta $1 millón de dólares en ingresos, pero en realidad está generando varios millones de dólares, eso se descubrirá muy pronto. El agente tributario es básicamente la persona que realiza las auditorías de campo.

Al final del día, la mejor opción es que la auditoría no se lleve a cabo en su lugar de trabajo. En mi opinión, y como representante del contribuyente, es una forma de proteger sus derechos. En base a mi experiencia, mientras se hace la auditoría de un negocio, es mucho mejor hacerla fuera del local que dentro su negocio. Si esto no es posible, le pediré al agente reunirse conmigo en el negocio a una hora específica y luego le diré al propietario que se tome un descanso con sus empleados mientras llevo a cabo la reunión. Por cierto, es importante tomar estas precauciones, no porque tengamos algo que ocultar, sino porque hacerlo es para beneficio de mi cliente. Esa mi principal preocupación. El riesgo es que a veces los empleados mencionan cosas que pueden tener una consecuencia negativa para el cliente, sin querer o sin darse cuenta de lo que están haciendo. Y no es lo más apropiado cuando el agente del IRS está haciendo una auditoría o un recorrido por el negocio.

Como ya lo mencioné, esto no se debe a que el contribuyente o la empresa tengan algo que ocultar, simplemente ocurre porque — como demostré anteriormente — un contribuyente puede meterse en problemas por sí mismo, simplemente al ser demasiado proactivo y ofrecer información que no se le ha preguntado o que no debe dar.

Recuerde, también, cuando el contribuyente recibe el informe del agente, puede estar de acuerdo o en desacuerdo con la información proveída. Por supuesto, si está de acuerdo, lo más simple es firmar el informe y devolvérselo al agente, quien cerrará el archivo y lo enviará al IRS para que se realice una evaluación. De vez en cuando, aunque esto no ocurre muy a menudo, el contribuyente recibirá un reembolso porque se había preparado la declaración de impuestos incorrectamente, pero esto es poco probable — en base a mis veintinueve años de experiencia. Nunca representé a alguien en una auditoría que recibiera un reembolso, no porque no sea bueno representando a mis clientes, sino porque esta situación es muy inusual.

Y tiene sentido, cuando lo piensa. ¿Se imagina al IRS invirtiendo tanto tiempo y recursos, realizando auditorías para las declaraciones de impuestos solamente para emitir un reembolso en lugar de cobrar dinero? Genera dudas porque no sería la mejor decisión comercial del IRS hacerlo. Ahora, si está de acuerdo con el informe, todo lo que necesita hacer es firmarlo y devolvérselo al agente. Y cerrarán el caso más tarde. En unas pocas semanas o un en par de meses, recibirá una carta del IRS diciendo que aceptaron el informe de la auditoría. Pero eso no será todo. El supervisor debe revisar el trabajo del agente, aprobarlo y luego se cerrará el caso. En aquel momento recibirá un aviso informándole la cantidad que debe y el tiempo específico para pagar dicha cantidad.

Pero ¿qué pasa si no está de acuerdo con el informe o el resultado de la auditoría? En ese caso, cuando recibe el informe, llamará al supervisor del agente para dejarle saber que no está de acuerdo y mediante una conversación con ellos, con suerte acordarán sobre los ítems que desea se revisen. Sin embargo, quizás se esté preguntando qué sucede si tiene aquella conversación con el supervisor y no llega a un acuerdo. Lo primero que le recomendaría es no continuar con el desacuerdo, especialmente si no tiene ninguna base para demostrar que tiene razón. Si usted está equivocado, simplemente extenderá el tiempo y los intereses acumulados, y sus multas serán más altas, por lo que no conviene hacerlo.

Digamos que tiene una conversación con el supervisor y no llega a un acuerdo; si puede respaldar sus reclamos, entonces tiene el derecho por ley de apelar y presentar su desacuerdo ante la Oficina Independiente de Apelaciones. Esta oficina es parte del IRS, pero también es independiente, por lo que revisará el caso sin cualquier favoritismo o conflicto de intereses.

De hecho, a veces el agente que realiza la auditoría es muy lineal. Dice: "Está bien, para aceptar este ítem y el gasto correspondiente, quiero ver estos recibos". Si por algún motivo no dispone de dichos comprobantes, puede perder el derecho a reclamar el gasto. A veces sucede esto en una auditoría, pero es un poco diferente durante la apelación porque le dan oportunidad de ser escuchado y, a menudo, estarán dispuestos a trabajar con usted en base a tablas estadísticas comerciales de ganancias y pérdidas. Por otro lado, trabajar con estadísticas comerciales no es algo que por lo general aceptan durante una auditoría. Para reiterar lo ya dicho, no tiene que estar de acuerdo con un funcionario de apelaciones. Tendrá otra oportunidad de exponer su caso; si no está de acuerdo, recibirá un Aviso de Deficiencia. Y siempre digo que el Aviso de Deficiencia es la llave al paraíso, porque básicamente es su última oportunidad para apelar la decisión. Al mismo tiempo, le brinda una gran oportunidad porque cuando reciba el aviso, le otorgarán noventa días para presentar una petición ante el Tribunal Tributario de los Estados Unidos.

En mis veintinueve años de experiencia, he ayudado a decenas de contribuyentes a abrir una solicitud (per se) donde se representan a sí mismos ante el Tribunal Tributario de los Estados Unidos. Si bien no soy abogado y no puedo representar a un contribuyente ante el juez del Tribunal Tributario, puedo hacer todo el trabajo administrativo como representante del contribuyente, incluso tener una conversación con el asesor jurídico del IRS. Una vez que el Tribunal Tributario recibe la solicitud, el Tribunal notificará al IRS para informarles que alguien está en desacuerdo y ha presentado una solicitud de revisión de la apelación. En este punto, el IRS se comunicará con el contribuyente para tener una conversación y tratar de llegar a un acuerdo para que el caso pueda cerrarse sin ir a juicio; si eso no sucede, entonces se envía de vuelta a la corte para ser juzgado.

Los representantes del IRS, ya sea un funcionario de apelaciones o un funcionario de acuerdos, intentarán negociar el resultado para evitar un juicio. Y eso ya es un gran paso porque puede tener una conversación. Tanto el IRS como el asesor jurídico del IRS quieren evitar llegar a un juicio, al menos en la mayoría de los casos. El IRS toma en consideración lo que llamamos el riesgo de litigio, que es el porcentaje de dinero que el IRS pierde en un caso, o concede algún porcentaje de los gastos o ítems con los que el contribuyente dice estar en desacuerdo. Lo que significa que esta conversación es realmente una negociación y muchas veces todos ganan.

El IRS gana porque puede cerrar un caso y no tiene que ir a juicio. El Tribunal Tributario gana porque no tiene un caso pendiente, y el contribuyente también gana porque cuanto más extenso sea el caso, mayores serán los gastos de representación del IRS.

Si, por alguna razón, está en desacuerdo o cree poder estar en desacuerdo con una auditoría del IRS, tenga en cuenta estos pasos porque no querrá perder la oportunidad de hacer una solicitud de apelación ante el Tribunal Tributario. La mayoría de las veces obtendrá algún beneficio si presenta una solicitud y tiene una justificación razonable para presentar su caso ante el juez.

Finalmente, si su declaración de impuestos ha sido seleccionada para una auditoría y no tiene sus libros y registros contables muy bien organizados, como un resumen de ingresos y gastos comerciales, se encontrará en una situación estresante. Si no tiene un sistema de contabilidad, entonces realmente no tendrá nada con qué defenderse. Esta información estará incompleta y luego, de alguna manera, necesitará hacer una reconstrucción de esos libros contables en base a su agenda, las citas que ha tenido, sus proveedores, cuánto material compró, etc. Mi mejor recomendación es invertir en un buen sistema de contabilidad porque si contrata a un contador o contadora competente, la mayoría de las veces tendrá libros y registros muy bien organizados. Y la mejor parte es que, con una excelente planificación fiscal, al contador o contadora se le pagará con los impuestos que él o ella le ayudó a ahorrar.

CAPÍTULO CINCO

CÓMO GANAR UNA AUDITORÍA DE CRÉDITO TRIBUTARIO POR INGRESO DEL TRABAJO Y CRÉDITO TRIBUTARIO POR HIJOS

Muchas personas se ponen nerviosas cuando se enteran de que fueron seleccionadas para una auditoría, lo cual es perfectamente normal. La mayoría de nosotros ya tenemos sentimientos encontrados en lo que tiene que ver con el IRS. Las películas y los programas de televisión no han ayudado mucho a su imagen, sin mencionar las noticias sensacionalistas sobre celebridades que van a la cárcel por no pagar impuestos.

La buena noticia es que, si ha sido seleccionado para una auditoría o si le sucede esto en algún momento, no es el fin del mundo; hay muchas opciones disponibles. Primero, discutiremos la mejor manera de ganar una auditoría, un área con la que estoy bastante familiarizado. De hecho, lidero una capacitación sobre auditorías para preparadores de impuestos y para personas en general que lo necesitan o están interesadas en este tema, no solo porque me satisface mucho proteger los derechos de los contribuyentes, sino también porque me apasiona lo que hago.

Comenzaremos enfocándonos en cómo ganar una auditoría sobre el Crédito Tributario por Ingreso del Trabajo (EITC, por sus siglas en inglés), que es un crédito para familias de pocos o medios ingresos que reduce la obligación tributaria e incluso puede ser reembolsable. Por ejemplo, supongamos que su obligación tributaria es de $1 000 y está preparando su declaración de impuestos, que incluye el EITC. Después de calcular sus impuestos, es posible que pueda acceder a créditos por tener dependientes que le permitan calificar para este tipo de crédito reembolsable, lo que podría significar una cantidad de $5 000. Lo que esto hace es compensar su obligación tributaria (en este caso, su obligación tributaria es de $1 000 y su crédito es de $5 000), lo que significa que obtendrá $4 000 como reembolso en su declaración de impuestos, un reembolso significativo para la mayoría de las personas. Debido a que el crédito es una cantidad importante de dinero, lamentablemente en esta área de impuestos se dan muchos casos de fraude, lo que significa que el IRS está al tanto y atento sobre quienes reclaman este tipo de crédito. La mayoría de las veces este tipo de fraude ocurre entre familias de ingresos medios y bajos porque supuestamente el EITC está destinado para las personas con menos recursos. Como resultado de esta cantidad excesiva de fraude, el IRS estima que otorgan millones de dólares cada año a contribuyentes que reclaman estos créditos, pero no deberían, ya que no cumplen con los requisitos para calificar por este crédito.

Ahora, si tiene dependientes y planea reclamar estos créditos, querrá leer y prestar mucha atención a las Publicaciones 596 y 972 del IRS (publicaciones con todos los requisitos y detalles sobre quiénes califican para reclamar estos créditos). Leer estas publicaciones le posicionarán mejor para evitar cometer errores. Lo primero que lo califica para este tipo de crédito, por supuesto, es tener hijos, y esos hijos deben ser reclamados en la declaración de impuestos. Ahora bien, si cumple con todos los requisitos y tiene derecho a reclamar esos créditos, el siguiente paso será presentar su declaración de impuestos y recibir su reembolso. Sin embargo, es posible que no reciba el reembolso sino una carta con preguntas sobre sus dependientes. Para calificar a un crédito deberá proporcionar documentación específica o puede ser que reciba el reembolso que está reclamando en su declaración junto con una carta solicitando información y documentación.

Si este es el caso, deberá proporcionar documentación al IRS: documentos y pruebas de que, de hecho, usted es el progenitor o guardián de los niños que está reclamando en su declaración y que cumple con todos los requisitos para el crédito específico que está reclamando. Relacionado a este tema, quiero dar un ejemplo sobre un caso que tuve hace años. Si bien he estado trabajando con y representando a contribuyentes durante muchos años, recuerdo este caso en particular. Quiero compartir los detalles aquí con usted para que tenga una idea clara de cómo ganar este tipo de casos y cómo funcionan las auditorías para esto tipo de crédito.

Después de haber trabajado en esta área durante más de tres décadas, recuerdo a una cliente en particular: una joven madre soltera con tres hijos. Tenía veintitantos años cuando presentó su declaración de impuestos; sus tres hijos eran muy pequeños, uno tenía tan solo unos meses de edad. Quizás una de las razones por las que la recuerdo es porque trabajaba lavando platos en un restaurante, algo en lo que yo también trabajé cuando vine por primera vez a este país para comenzar una vida nueva. Podía identificarme con ella y sabía lo difícil que podía ser ese tipo de trabajo, sin mencionar tratar de mantener a una familia con ese salario. Además de eso, solo trabajaba a medio tiempo porque necesitaba cuidar a los niños cuando no estaban en la escuela o en la guardería. Su remuneración total en el año era alrededor de $18 000; solo intente imaginar sobrevivir con $18 000 al año mientras vive en los Estados Unidos, en el condado de Orange, nada menos, uno de los condados con un costo de vida de los más costosos del país. No es la mejor situación para nadie, mucho menos para una madre soltera.

La razón por la que acudió a mí fue porque después de presentar su declaración de impuestos, el IRS le envió una carta con preguntas. Para poder enviarle un reembolso, necesitaba enviar pruebas de relación con los dependientes y todos los demás requisitos para recibir el EITC y el Crédito Tributario por Hijos (CTC, por sus siglas en inglés) que había reclamado. Debido a que reclamaba tres dependientes, el IRS le dijo que necesitaba presentar pruebas de su parentesco, básicamente, necesitaba probar que los niños vivían con ella y que cumplía con todos los demás requisitos para obtener los créditos fiscales. El IRS solicitó documentos a mi cliente para probar que ella era, de hecho, la madre de los niños, lo cual era abrumador y no tan simple como uno podría pensar.

Como ya lo mencioné, mi cliente vivía en el condado de Orange, California, donde el costo de vida es bastante alto y, por supuesto, con un salario anual de $18 000 no tenía suficiente dinero para alquilar un apartamento para ella y para sus hijos. Es muy común que varias personas compartan vivienda en estos casos, alquilando un apartamento con una familia viviendo en un dormitorio y la otra en otro dormitorio, o en el garaje, por ejemplo. Esta era la situación en la que se encontraba mi cliente: ella y sus tres hijos alquilaban una pequeña habitación en un departamento con otras personas que no eran parte de su familia. Por eso, no tenía facturas de agua y luz a su nombre ni tampoco un contrato de alquiler. No tenía cómo demostrar dónde vivía ni dónde vivían sus hijos, lo que le estaba generando problemas porque al IRS le gusta ver un registro en papel y pruebas de todos los reclamos de créditos tributarios, especialmente en un área tan plagada de fraude.

Tampoco ayudaba que tuviera que mudarse mucho, lo cual es bastante común para aquellas personas que viven con otros o no tienen acuerdos formales de alquiler; a veces las situaciones cambian, las personas se mudan o necesitan más espacio o menos espacio, y deben buscar otra vivienda de imprevisto. Suelen vivir unos meses en un lugar, unos meses en otro, alquilando una habitación y luego mudándose a otro lugar más económico o apropiado. O a veces puede ser que no estén a gusto viviendo con tanta gente o no les gusta el barrio y deciden mudarse de nuevo. Debido a esto, es común que estos contribuyentes tengan muchas direcciones o ninguna dirección permanente.

En el caso de mi cliente, ella tenía una dirección con uno de los médicos de los niños, pero tenía una dirección diferente para otro médico para otro hijo. Esto tenía sentido ya que los recién nacidos, los niños pequeños y los mayores suelen tener diferentes pediatras, pero en el papel no se veía muy bien. Luego estaba el tema de la escuela. El hijo mayor asistía a la escuela y mi cliente había puesto la dirección de la persona encargada de recogerlo mientras ella estaba en el trabajo. Pero era una dirección diferente de donde vivían.

Si todo esto suena complicado es porque así lo era, y la razón por la cual tenían tres o cuatro direcciones diferentes para cada uno de los niños, además del hecho de que el correo le llegaba a la casa de un pariente. Por todas estas razones, mi cliente en realidad no podía demostrar que los cuatro habían vivido juntos a lo largo del año, que es la única forma en que podía obtener sus créditos del IRS. Ella había proporcionado la mayor cantidad de información posible al IRS, pero simplemente no era suficiente para que le creyeran que vivían todos juntos, ni siquiera que eran todos sus hijos, por lo que le negaron su reclamo y ella acudió a mí en busca de ayuda.

El IRS le dijo a mi cliente que no había demostrado que vivía con sus hijos y que no podía obtener el reembolso que reclamaba, que era de cerca de $9 000. Solo deténgase a pensar en eso un minuto: $9 000 para una persona que ganaba menos de $20 000 al año, es una cantidad enorme de dinero. Por supuesto, esa cantidad hace una diferencia en la vida de cualquiera; no es una cantidad insignificante. Pero para esta joven significaba medio año de salario, y como no estaba ganando mucho como lavaplatos, al menos no lo suficiente para brindar cuidado y bienestar a sus hijos, esa cantidad podía realmente cambiar su situación.

Como es natural, cuando le negaron el dinero, mi cliente se sintió muy frustrada y molesta y llamó al IRS para tratar de averiguar qué había salido mal. Cuando habló con un agente, él le dijo que creía lo que le estaba diciendo pero que creer eso no era suficiente — necesitaba probarlo. Le sugirió que buscara a alguien con buena experiencia representando a los contribuyentes ante el IRS. Su otro consejo fue que tuviera mucho cuidado porque iba a ser su última oportunidad de pelear por su reembolso. Ella vino a mi oficina y comenzó a tener una conversación con uno de mis asociados, quien luego me proporcionó los detalles.

Después de escuchar toda la historia y escuchar por lo que estaba pasando, decidí que iba a luchar por ella, porque creía que podíamos ganar. Nos conocimos y una de las primeras cosas que le pregunté fue si sus hijos vivían con ella, que para mí era lo único que importaba para que valiera la pena luchar por este caso. Ella me dijo que sí, y en aquel momento supe que tomaría el caso. Sé por experiencia que estos casos consumen mucho tiempo, pero siempre los tengo en cuenta porque hay personas que no tienen los medios ni el dinero para pagar por una representación costosa.

Le dije que si todo lo que me decía era cierto, entonces no tendríamos problemas para ganar este caso. Por cierto, esto es algo muy importante para mí: nunca digo que yo voy a ganar, siempre digo nosotros, porque esto tipo de trabajo es un esfuerzo en equipo. No soy solo yo el que estará trabajando; no lo estoy haciendo para mi beneficio solamente sino para el beneficio de mi cliente. Por supuesto, necesitaba varios tipos de información y documentos, pero necesitaba su cooperación, su confianza y sus esfuerzos para hacer un trabajo realmente sólido. En este caso funcionó muy bien porque me entregó el Aviso de Deficiencia, que fue una gran ayuda; como lo mencioné anteriormente, el Aviso de Deficiencia es la llave al paraíso.

Con eso, pudimos abrir un caso en el Tribunal Tributario, lo que garantizaba que escucharían nuestro caso. Sin embargo, antes de que eso pudiera suceder, el IRS nos exigió que entregáramos los documentos para respaldar sus reclamos, al igual que antes. Y en este caso, como ocurre con muchos de los casos con el IRS, la creatividad es necesaria para ganar. Por mi parte, le pedí a mi cliente que me trajera pruebas en forma de registros médicos y registros escolares de sus hijos. Al principio, ella se portó reticente porque esos documentos no le habían dado resultado antes, pero le dije que volviera a preguntar por ellos y que los trajera de todos modos, por lo que volvió a solicitarlos.

Es importante tener en cuenta que, para luchar por este tipo de crédito, deberá usar la publicación 596 para el EITC y la 972 para el CTC, las cuales enumeran las reglas para reclamar este tipo de créditos. Tendrá que cumplir con todos los requerimientos para conseguir los créditos tributarios y el reembolso, siendo uno de ellos, por ejemplo, vivir en la misma casa que sus hijos. Una vez que los nuevos documentos estaban en mis manos, preparé una carta muy detallada para el IRS. Les dije que el salario anual de mi cliente era de $18 000 y que vivía en Orange, California, uno de los condados más caros para vivir en los Estados Unidos. También adjuntamos declaraciones bajo juramento de vecinos y otras personas que la conocían, afirmando que sabían que los niños vivían con ella y que ella era una madre soltera.

Esta vez le dije que consiguiera un afidávit o verificación de la persona que le ayudaba a cuidar a los niños cuando trabajaba, confirmando que mi cliente era la madre. Con estos nuevos documentos, la carta de explicación y todas esas declaraciones juramentadas, armamos un paquete para enviárselo al agente de la oficina de apelaciones del IRS. Poco después, recibí una llamada del oficial que dijo quería tener una conversación conmigo para revisar todo lo que le había enviado. Le expliqué con más detalle cuál era la situación de mi cliente y luego dijo que tenía sentido, el caso estaba cerrado y mi cliente iba a recibir un reembolso. ¡Parece demasiado simple para ser verdad, pero así ocurrió!

Uso este ejemplo para demostrar que la mejor manera de ganar este tipo de casos es proporcionando una gran cantidad de detalles, explicaciones, pruebas y, por supuesto, la verdad. Si por alguna razón no puede probar todo lo que está reclamando, o está en el proceso de revisar la lista de verificación para reclamar sus créditos y termina perdiendo algunos documentos o incluso malinterpretando algo, no significa necesariamente que su caso está perdido. Para ganar, solo tendrá que ser más creativo para proporcionar una buena explicación al IRS del por qué no tiene toda su documentación.

También me gustaría ofrecerle además un pequeño consejo que quizás no escuche muy a menudo, pero que yo creo es buena regla en general para cualquier situación cuando está lidiando con personas. Como ya mencioné, este caso con mi cliente tuvo lugar en el 2019 cuando este tipo de conferencias con la Oficina de Apelaciones generalmente comenzaban por teléfono, pero recuerdo que los 1990, este tipo de conferencias casi siempre eran en persona. Por supuesto, durante un evento imprevisto — digamos, una pandemia — sería imposible reunirse en persona, pero si es posible, el toque humano adicional puede ser muy útil. Cada vez que iba a la oficina del IRS con una contribuyente, siempre sugería a mi cliente que no enviara a los niños a la escuela ese día, sino que los trajera a la entrevista. Debido a mi ubicación, estas reuniones por lo general se llevaban a cabo en Laguna Niguel en el condado de Orange, a tan solo a diez minutos de mi oficina.

Cuando llegábamos y el agente de la oficina de apelaciones veía a los hijos de mi cliente, una de las primeras cosas que hacía era preguntar a los niños quién era su madre y estos la señalaban. No estoy diciendo que ganábamos casos simplemente en base a esto — recuerde que teníamos todos nuestros documentos y pruebas en orden — pero hacer las entrevistas en persona a veces puede hacer una gran diferencia en lugar de hacerlo por correo, teléfono o fax. Crea más empatía y más conexión; es más probable que una persona simpatice con alguien sentado justo en frente de ella.

También debe tener en cuenta que debido a la cantidad de fraude que se comete en este tipo de declaraciones, el IRS también podría revisar los archivos para ver cómo se prepararon sus impuestos. Esto significa que personas como yo toman mucho tiempo y cuidado haciendo preguntas sobre cada una de las reglas para asegurarse de que el contribuyente cumpla con todos los requisitos. Por ejemplo, si un padre soltero viene a mí y reclama a dos hijos en su declaración de impuestos, la pregunta más obvia es dónde está la madre y si está casado o no. Esto es importante porque, si está casado, querré saber por qué está presentando su declaración sin su cónyuge, ya que uno de los requisitos para reclamar el EITC es, si está casado, presentar una declaración conjunta.

Es importante hacer muchas preguntas a los clientes para llegar a la verdad porque, desafortunadamente, a veces las personas intentan engañar al sistema para ganar más dinero del que deberían obtener legalmente. Prefiero llevar a cabo estas entrevistas cara a cara porque es más fácil leer los subtextos del lenguaje corporal de las personas y lo que dicen, o lo que no están diciendo. Si el contribuyente fija la mirada en el techo o el piso, o en cualquier lugar excepto en mí, es una buena señal de que me está ocultando algo.

A veces, por supuesto, la entrevista es por teléfono, y en ese caso debo prestar atención al timbre de su voz, lo cual es mucho más difícil. El IRS siempre dice que el preparador de impuestos debe asegurarse de evitar respuestas incorrectas, inconsistentes o incompletas a sus preguntas. Si recibe respuestas cuestionables, debe incluir esa información en el archivo de su cliente. Mi trabajo es decir la verdad, así que, si creo que está mintiendo, tendré que denegar mis servicios, aunque sea mi cliente. De otra manera también me metería en problemas.

Las respuestas que da un contribuyente deben coincidir con la evidencia, sus ingresos deben alinearse con su estilo de vida, las personas que viven en la casa y demás impuestos estimados, porque el IRS probablemente revisará el archivo. Y luego, por supuesto, preguntarán si el contribuyente tiene derecho a reclamar esos créditos tributarios. Al momento de escribir este libro (asegúrese de verificar en la página web del IRS para obtener el número actual), el IRS cobra a un preparador de impuestos $545 por error. No estamos hablando de $545 por cada declaración sino $545 por error, lo cual, como espero pueda ver, puede acumularse y causar muchos daños financieros. No vale la pena el riesgo.

Mi consejo en general es tener mucho cuidado en esta área. En los últimos años representando a preparadores de impuestos que se ven enfrentados a este tipo de examinación del IRS, he notado que la mayoría al principio intentan representándose a sí mismos. Acuden a mí porque la situación no funcionó a su favor, y la razón más obvia fue que si alguien trabaja para el IRS conoce su trabajo y tiene más experiencia y conocimiento que cualquier contribuyente. Además, si el IRS se está tomando el tiempo para seleccionar a un preparador de impuestos para una auditoría, es porque el IRS ya tiene información de que aquella persona está cometiendo errores. Verificará si el preparador ha realizado la debida diligencia con su cliente, durante la entrevista, para determinar si el reclamo de esos créditos es legítimo.

Una buena regla en general para una preparación de impuestos, o reclamo de créditos tributarios, o cualquier cosa que pueda involucrar al IRS (siempre es mejor prevenir que lamentar), es ser proactivo, y la forma de hacerlo es realizando las preguntas pertinentes. Como preparador, tengo la obligación de ayudar a mi cliente con su declaración de impuestos y a obtener el máximo reembolso posible, dentro de la ley, y para hacerlo, a veces necesito hacerle preguntas privadas. He tenido clientes que se molestan o se enojan porque no entienden por qué necesito hacer preguntas personales sobre su estilo de vida, por ejemplo. Lo que he aprendido a lo largo de muchos años de experiencia, y lo que necesita saber, ya sea que esté realizando estas entrevistas o siendo entrevistado, es que para hacer preguntas privadas y personales debo solicitar permiso. Como contribuyente, usted siempre puede decir que no, pero si lo hace, las probabilidades de hacer un trabajo exitoso son bastante escasas. Mientras más información tenga el preparador, tendrá más evidencia para preparar y presentar una declaración de impuestos correcta y obtener el mayor reembolso posible. Si responde a todas las preguntas, es probable que obtenga un mayor reembolso, de manera legítima. Durante mis casi treinta años de experiencia en preparación de miles de declaraciones de impuestos, nunca he escuchado a un contribuyente decir: "Está bien, si eso es para mi beneficio, nunca me haga esas preguntas". Y apuesto que en los años que están por venir, este será el caso porque estoy trabajando para su beneficio. Si está a cargo de preparar la devolución, también le conviene porque también quiere ganar. A veces, les pregunto a otros preparadores de impuestos por qué no hicieron todas las preguntas debidas, personales o privadas, y dicen que eran temas demasiado personales, especialmente si conocen a su cliente hace muchos años. Y si bien puede ser cierto, el IRS no conoce a su cliente. Por lo tanto, debe darse modos para hacer esas preguntas y documentar no solo las respuestas sino también las preguntas que hizo.

Ahora, después de terminar la entrevista, el IRS revisará el archivo, pero no se comunicará con el contribuyente ni realizará una entrevista para ver si él o ella califica; eso depende de usted como preparador. Sin embargo, lo que si harán es decidir si le sancionarán en función a las preguntas que haya incluido en el expediente de su cliente, ya sea de forma electrónica o impresa.

Cuando realizo capacitaciones para preparadores de impuestos, siempre les digo que tengo buenas y malas noticias (por alguna razón siempre piden que les dé las malas noticias). La mala noticia es que necesitarán conocer las leyes de impuestos por dentro y por fuera para minimizar el riesgo de recibir sanciones. Repito esto varias veces para que no queden dudas al respecto. Sin embargo, después de eso, les doy la buena noticia de que no es necesario memorizar la ley. Solo necesitan encontrar la mejor manera de obtener dicha información, en base al sitio web del IRS y otras fuentes confiables. Todo esto, por supuesto, viene con una advertencia, porque como estoy seguro de que todos sabemos, nuestro amigo Google nos brinda mucha información, pero a veces esta información es obsoleta. A menudo, el sitio web del IRS es el mejor lugar para comenzar, tiene información más actualizada, aunque sea bastante compleja.

Mi esperanza es que después de leer este capítulo, ya sea que esté preparando su propia declaración de impuestos o haya contratado a una persona para hacerlo, se sienta más en control. Espero sinceramente que nunca reciba una carta del IRS para una auditoría, ya sea como contribuyente regular o como preparador de impuestos, y que nunca vayan a su oficina a solicitarle archivos, porque si lo hacen, significa que han encontrado algo desagradable. Y lo diré una última vez, creo sinceramente que contratar a un experto para que lo represente es la mejor opción al estar enfrentado una auditoría. Le conviene contratar a alguien con conocimiento y experiencia en este tema para sacarlo de una situación difícil y, con suerte, se ahorrará dinero y estrés, que es lo que todos queremos.

CAPÍTULO SEIS

CÓMO ENTENDER IMPUESTOS SOBRE LA NÓMINA, GRAVÁMENES Y EMBARGOS FISCALES

Si usted es un empleado o un empleador, tener una buena comprensión del impuesto sobre el empleo y la nómina es una de las cosas más inteligentes que puede hacer para su futuro. En este capítulo, nos enfocaremos primero en los empleados y usaremos algunos números básicos para ayudar a brindar contexto.

Digamos, por ejemplo, que gana $10 por hora, le pagan todos los fines de semana y trabaja cuarenta horas a la semana, lo que significa que está ganando $400 por semana. Es posible que espere obtener el monto total en su pago, pero no será así porque el gobierno retiene sus impuestos. En este caso, el pago que se hace a nivel federal incluye impuestos sobre la renta, Seguro Social y Medicare.

En este capítulo no abordaré el tema de los impuestos estatales, porque realmente varían de un estado a otro; me centraré en los impuestos federales. Volviendo al ejemplo original, si espera recibir $400 pero le llega un cheque de $350, la pregunta es, ¿qué pasó con los otros $50? Eso es a lo que nos referimos cuando hablamos del impuesto sobre la nómina; como empleado, debe pagar este monto al IRS para acumular dinero para su jubilación o si necesita jubilarse anticipadamente debido a discapacidad.

Una manera fácil de entender el impuesto sobre la nómina es saber que se divide en dos partes: la parte que paga el empleado, que acabamos de analizar, y la parte que paga el empleador. El empleador está obligado a igualar el porcentaje que paga el empleado para cubrir el Seguro Social y Medicare. Esta cantidad se descuenta de su cheque de pago y el empleador es responsable de enviarla al IRS. La frecuencia de estos pagos depende en gran medida del empleador, el cual está obligado a enviarlos al IRS en fechas específicas. Estos pagos pueden ser enviados mensual o quincenalmente. El monto retenido, bajo custodia del empleador, se conoce como fondo fiduciario (el monto retenido del cheque de pago del empleado).

Quizás esté pensando, pero ¿qué sucede si mi empleador no envía esos impuestos al IRS? Es una buena pregunta y, de hecho, a menudo me toca trabajar en este tipo de casos. Recientemente, fui contratado por un empleador que tenía una deuda tributaria de varios miles de dólares porque no había enviado al IRS los impuestos sobre la nómina. Sacó el dinero de los cheques de pago de sus empleados, pero no envió el dinero al IRS. Mi primera pregunta, cuando me reuní con el cliente, fue preguntarle por qué no había enviado este dinero al IRS, y su respuesta fue que no sabía que tenía que enviar el dinero. Le creí, pero este tipo de situación es realmente una pesadilla tanto para los empleadores como para los empleados. Si no sabía que tenía que enviar el dinero, pues bien, ¡ahora lo sabe!

¿Qué pasa si un empleador es una entidad comercial, como una sociedad LLC o una corporación? En estos casos, muchos dueños de negocios eligen establecer una corporación o LLC porque piensan que les dará protección del IRS, o que una entidad comercial no tiene que pagar impuestos sobre la nómina o sobre el empleo, porque ellos son los dueños del negocio, pero no son el negocio en sí. Desafortunadamente, no es así como funciona, y el IRS tiene un proceso administrativo llamado Multa por Recuperación del Fondo Fiduciario (o TFRP, por sus siglas en inglés). El fondo fiduciario es el dinero que se retiene del cheque de pago del empleado que debe enviar al IRS.

En este caso, el dueño de la entidad comercial tiene la responsabilidad personal del fondo fiduciario, y no hay excepciones. Para usar un ejemplo más concreto, digamos que el fondo fiduciario es de $10 000. Eso significa que la entidad comercial es responsable del fondo fiduciario, pero también los tomadores de decisiones del negocio tienen esta responsabilidad legal, y eso no es fácil negociar. Lo que complica aún más la situación es que el IRS tiene un limitado número de empleados (como muchos otros empleadores), por lo que tiene millones de casos pendientes a los que le debe dar seguimiento. Lo cierto es que no podrán investigar todos, por lo que se concentrarán en los impuestos sobre el empleo no pagados que en otro tipo de casos.

El IRS tiene como prioridad darle seguimiento a los contribuyentes que no pagan sus impuestos laborales y harán una evaluación con la persona o personas responsables, los tomadores de decisiones de la entidad comercial. Es decir, tenga cuidado con su nómina e impuestos laborales, envíe sus pagos al IRS a tiempo; es un error pensar que no se meterá en problemas porque no está haciendo la contabilidad directamente porque, en última instancia, usted está a cargo y será multado o penalizado por errores cometidos.

Ahora que entendemos mejor la importancia del impuesto sobre el empleo y la nómina, vamos a repasar los gravámenes fiscales e incautación de bienes también conocidos como embargos, y cómo puede esto crearle problemas cuando se trata de impuestos. Esto dependerá de cuándo presenta su declaración de impuestos, y si la declaración de impuestos tiene o no un adeudo. Si, por ejemplo, presenta su declaración de impuestos con un saldo a pagar y no envía dicho pago, recibirá una carta del IRS, o el Aviso de Saldo Adeudado y solicitud de pago, el llamado Aviso CP14. Este aviso es enviado al contribuyente que tiene un saldo adeudado de $5 o más donde se le informa que debe impuestos y le indican el monto a pagar, incluidos los intereses y las multas, y la fecha límite para pagar.

Cuando el IRS le envía el primer aviso exigiendo el pago de la deuda tributaria impuesta en su contra y usted no paga el monto total, el IRS aplica un gravamen fiscal federal a la deuda. Esto es bastante grave ya que un Aviso de Gravamen Fiscal federal puede afectar su crédito o capacidad para obtener empleo. Además, un gravamen asegura el interés del gobierno en su propiedad cuando no paga su deuda tributaria, mientras que con un embargo el gobierno puede tomar su propiedad para pagar la deuda tributaria. Si no paga o no toma precauciones para liquidar su deuda tributaria, el IRS también puede imponer un embargo, lo que significa que pueden incautar y vender cualquier tipo de propiedad personal o inmueble que posea o en la que tenga un interés económico.

En algún momento, si no le paga al IRS, comenzarán a enviarle cartas desagradables, advertencias que se llevarán sus propiedades, incluidos sus activos, su salario, sus cuentas por cobrar y todo lo demás que tenga. Si por alguna razón aún ignora estas cartas, o responde, pero no tiene el dinero para pagar, entonces recibirá un aviso de gravamen por impuestos federales del IRS. Registrarán el gravamen en el condado en el que vive, momento en el cual su aviso de gravamen se convierte en información pública. Por esta razón, muchos clientes me llaman a preguntar por qué siguen recibiendo llamadas telefónicas y cartas de personas para ofrecerles servicios en resolución de impuestos, y debo decirles que se debe a que el gravamen es record público al cual tiene acceso prácticamente todas las personas y hay personas ofreciendo sus servicios como especialistas de resolución de impuestos.

Si el IRS coloca un gravamen sobre su propiedad, especialmente sobre bienes inmuebles, no podrá vender esa propiedad a menos que pague su obligación tributaria. Para ser más específico, si desea vender su casa tendrá la obligación de usar las ganancias para pagar el gravamen. Además de eso, si tiene una hipoteca, aún tendrá que pagarla. Este es un proceso doloroso y puede ser desgarrador tener que pasar por esta situación; querrá evitarla a toda costa. No hay forma de detener un gravamen después de haber recibido el aviso del IRS, ya que el gravamen ya fue presentado ante el condado.

Usted tiene derecho, sin embargo, a apelar esta decisión al iniciar un proceso de apelación llamado Debido Proceso de Cobro (Collection Due Process Appeal - CDP, por sus siglas en inglés). Lo que deberá hacer es apelar la decisión del IRS en el plazo proporcionado, pero asegurándose de no perderse la cita agendada. Mucha gente no se da cuenta de que para el IRS es más conveniente eliminar el gravamen; en ciertos casos, puede que le convenga hacerlo. Por ejemplo, una vez estaba teniendo una conversación con el IRS como representante de un contribuyente que era planificador financiero, estaba ganando bastante dinero representando a clientes y un día recibió un aviso de gravamen. Este cliente se puso en contacto conmigo y me dijo que ya había recibido una advertencia de su corredor. Me dijo que, si el IRS establecía otro gravamen, perdería los compromisos que tenía con varias empresas que representaba, sin mencionar los millones de activos que administraba. Si esto sucedía, no tendría ningún ingreso en absoluto.

Después de haberme explicado su situación, hablé con el IRS y les dije que habíamos notado que habían emitido otro gravamen para mi cliente. Debido a esto, iba a perder los ingresos que necesitaba para poder pagar el adeudo. Por lo tanto, lo mejor era eliminar dicho gravamen porque mi cliente estaba haciendo pagos mensuales. Les dije que era mejor dejar que mi cliente siguiera trabajando y ganando un buen salario ya que igualmente el IRS se beneficiaría de los pagos mensuales que continuaría haciendo.

La principal diferencia entre un gravamen y un embargo es que se puede prevenir un embargo. Es posible frenar un embargo mientras que la notificación de un gravamen es enviada después de que el gravamen ya ha sido establecido. Si usted recibe una notificación sobre un embargo, este dirá algo como: "Este es su último aviso de intención de embargo y su derecho a tener una audiencia". En el mismo aviso le indicarán que, si no está de acuerdo con esa decisión, tendrá derecho a iniciar un proceso llamado apelación del Debido Proceso de Cobro conocido en Ingles como Collection Due Process

Appeal, que dará comienzo al proceso de apelaciones nuevamente.

Otra diferencia es que mientras que el gravamen asegura el interés del gobierno en su propiedad y activos, al no pagar su obligación tributaria, el embargo incautará la propiedad para pagar la deuda tributaria. Si no paga lo que debe o no hace los arreglos debidos para liquidar la deuda, el IRS incautará y venderá cualquier bien inmueble o personal que posea o en el que tenga interés.

La mejor estrategia para evitar un gravamen o embargo es la misma, y es el consejo más simple que le puedo dar: presente y pague todos sus impuestos en su totalidad y a tiempo, y estará al día con el IRS. Si no puede presentar la declaración a tiempo o no tiene los fondos para pagar, debe informarles de inmediato. No ignore la carta ni piense que el IRS desaparecerá; existen opciones de pagos a plazos para ayudarle a liquidar su deuda. Puede encontrar esta información en línea en el sitio web del IRS, o puede comunicarse con un profesional de impuestos como yo para recibir ayuda.

CAPÍTULO SIETE

OPCIONES DE RESOLUCIÓN PARA SU DEUDA FISCAL

Ahora que tenemos una mejor idea de qué puede esperar cuando se trata de impuestos sobre el empleo y la nómina, pasemos a algunas de las opciones más comunes sobre la resolución de deudas tributarias. Recuerde más que nada que el hecho de que esté endeudado no significa que sea el fin para usted. Todavía existen varias opciones; repasaremos algunas de las más comunes aquí.

PLAN DE PAGOS A PLAZOS, PAGO TOTAL DE LA DEUDA

Esta opción, que puede ser nueva para usted, es una opción que comúnmente usan los contribuyentes para hacerse cargo de sus deudas fiscales. Sin embargo, antes de tomar esta ruta, es importante comprender que el IRS tiene un período de cobro establecido de diez años. Además, aunque tiene diez años para pagar sus deudas, le recomiendo encarecidamente que no se confíe en esos diez años.

Esto se debe a que los diez años en realidad comienzan en la fecha en que se realiza la evaluación, pero la mayoría de las veces usted no sabrá la fecha exacta de dicha evaluación. Si tiene una deuda tributaria o es un profesional de impuestos que está ayudando a su cliente a negociar esta deuda, es importante averiguar cuándo comenzó el período de cobro y cuándo expirará, conocido como Fecha de Vencimiento del Estatuto de Cobro (Collection Statue Expiration Date - CSED, por sus siglas en inglés). En mis años de experiencia, nunca he visto un período que expire exactamente a los diez años porque a veces el contribuyente solicita un plan de pago mensual, se declara en bancarrota, solicita una apelación del Debido Proceso de Cobro o toma otras acciones que conducen a extender la fecha de vencimiento del estatuto de cobro.

Supongamos por un momento que la deuda tributaria de una persona es de $50 000. El primer paso sería completar el Formulario 9465. El tiempo máximo que el IRS suele dar para pagar la deuda tributaria es de 72 meses, por lo que dividiría esos $50 000 entre 72, que es $694,44. En el formulario, habrá una pregunta confirmando si puede realizar este pago, y si puede, debe marcar que sí. A partir de ahí, es una simple cuestión de elegir cuándo y cómo enviará el pago y no tendrá más problemas.

Continuando con este ejemplo, si el tiempo restante es de nueve años, entonces el IRS tiene nueve años para cobrar al contribuyente su adeudo. Pero ¿qué pasa si en realidad no puede ganar los $694,44 mensuales, pero puede pagar la obligación tributaria por completo dentro de los nueve años que quedan en el plan de pago a plazos? En ese momento, si usted es proactivo, debe tener una conversación con el IRS para informarles que, aunque no podrá pagar el monto mensual durante los siguientes 72 meses, definitivamente podrá pagarla antes de la fecha de vencimiento del estatúo de cobro, que es otra opción posible de resolución.

Contrario a lo que se piensa, el IRS puede ser algo flexible; si usted tiene una buena razón, les envía la documentación requerida y la información respaldando su reclamo, y si el IRS verdaderamente cree que usted pagará el monto total antes de la fecha de vencimiento del estatuto de cobro, ellos trabajarán con usted para llegar a un acuerdo. No es algo que digan explícitamente o lo hagan público porque no les conviene. ¿Se imagina si cada vez que alguien llama al IRS para decir que no puede pagar su deuda o que no cumplirá con la fecha límite, la respuesta del IRS fuera: "No se preocupe, solo necesita un par de años más y su deuda fiscal desaparecerá"? Por supuesto, no va a escuchar eso; le dirán que su deuda tributaria debe ser pagada en menos de dos años porque están trabajando con una fecha de vencimiento del estatuto de cobro (CSED).

El agente del IRS siempre prestará atención cuando el CSED esté cerca, y yo también. Como su representante necesito estar al tanto y aquí es donde la comunicación con mis clientes es importante. Tal vez no pueda pagar los $694,44 al mes, pero tal vez podría hacer un pago por menos de esa cantidad, y aun así pagar el saldo total dentro de los nueve años que le quedan del período de cobro.

Una vez que negociemos su deuda tributaria, el siguiente paso es cumplir con sus responsabilidades fiscales, y una de las más importantes es pagar sus cuotas a tiempo. Siempre les digo a mis clientes lo que les espera si no lo hacen, y es algo que sucede más de lo que se imagina. Por ejemplo, tenía yo un cliente con una deuda tributaria de $111 000, es decir, un pago mensual de $1 541. Le pregunté lo que les pregunto a todos mis clientes: ¿cuáles eran sus expectativas? Fue muy directo conmigo; me dijo que podría eventualmente pagar, pero no el monto total en este momento. Le pregunté cuánto tiempo necesitaría y me dijo treinta y seis meses, así que le sugerí que solicitáramos aún más tiempo, por si acaso.

Entonces me comuniqué con el IRS y les dije que queríamos establecer un plan de pago. El empleado del IRS preguntó cuánto iba a pagar el cliente y le dije $1 600 mensuales. Dijeron que estaba bien y logramos resolverlo. En este caso, mi cliente dijo no tener ningún problema para pagar el impuesto que debía en treinta y seis meses, pero acordamos hacerlo en setenta y dos meses para solventar algún problema de flujo de capital disponible.

También le dije si podía hacer pagos adicionales, por afuera del acuerdo, esto le permitiría saldar su cuenta con el IRS más rápidamente.

En lo referente a realizar los pagos, el proceso es simple: simplemente vaya al sitio web del IRS, busque la opción para realizar un pago y hágalo allí mismo. Si desea utilizar su sitio web (y creo que esta es la mejor opción), le recomiendo que elija la opción para hacer pagos directamente de su cuenta bancaria. Muchas veces lo que ocurre es que muchos clientes se olvidan hacer su pago o lo envían por correo y se pierde o retrasa. Esto le generará problemas porque el IRS pensará que no cumplió con los requisitos del acuerdo y pueden cancelarlo si desean. Es preferible proporcionar la información de su cuenta bancaria y configurar los pagos mensuales para que no tenga ni siquiera que pensar en ello.

PLAN DE PAGOS A PLAZOS, PAGO PARCIAL DE LA DEUDA

La siguiente opción disponible para resolver su deuda tributaria es el Plan de Pagos a Plazos, Pago Parcial de la Deuda (PPIA, por sus siglas en inglés). Esta es la mejor opción para alguien que sabe que no pagará toda su deuda tributaria para la fecha de vencimiento o CSED. Supongamos, por ejemplo, que al mismo cliente con una deuda tributaria de $111 000 le quedan cinco años para su período de cobro. Necesitaríamos dividir $111 000 entre 60 (12x5) meses para obtener el pago mensual, que sería de $1 050. Después de hacer este cálculo, necesitaríamos realizar un análisis financiero, haciendo preguntas como: ¿Cuál es la cantidad de efectivo que esta persona se lleva a casa cada fin de mes? ¿Cuántos ingresos está generando con sus servicios y cuántos gastos? Luego le pregunto al cliente si el pago mensual, en este caso de $1 050, es factible. La mayoría de las veces la respuesta es no, no tienen el dinero para pagar. Sin embargo, esto no significa que todo está perdido, ni mucho menos. Lo que significa es que ahora tendremos que sentarnos y hacer otro análisis financiero, esta vez uno en base a los números establecidos por el IRS. Por ejemplo, el IRS proporciona estadísticas para la vivienda por lo que, si el cliente vive en un condado determinado, en una casa con cuatro miembros de la familia, el IRS tiene una cantidad fija que ha determinado usted gastaría en vivienda. Para usar un ejemplo, digamos que el IRS fijó este número en $2 000 pero en realidad el cliente tiene gastos de vivienda y servicios públicos de $3 000. ¿Qué ocurre entonces? Ahí es cuando nos sentamos a negociar con el IRS.

Estas situaciones pueden ocurrir en muchas áreas diferentes que no tienen que ver necesariamente con la vivienda, y se da más a menudo con los gastos médicos. El IRS estima una cantidad específica para estos gastos, pero algunas personas necesitan más dinero porque tienen prescripciones de alto costo o múltiples, y no es realmente algo que puedan eliminar de sus vidas. Esta es una instancia en la que posiblemente podamos negociar con el IRS porque no se puede aplicar el estimado a esta situación específica, y el IRS no querrá interferir con la salud de alguien.

Después de realizar un análisis exhaustivo, digamos que el cliente solo puede pagar $500 al mes. No es un factor decisivo, pero es algo que tendríamos que demostrarle al IRS. Por ejemplo, les enviaríamos una copia de los estados de cuenta bancarios y copias de los recibos que solicitan para verificar que el cliente realmente no puede realizar un pago mayor a $500 por mes, o cualquier otra cosa que soliciten. Después de que les hayamos demostrado que este es el límite de lo que razonablemente se puede pagar, entonces es responsabilidad del cliente enviar esos pagos mensuales de manera oportuna y sin falta.

Recientemente, tuve un cliente que tenía una deuda tributaria de $65 000. Después de un análisis financiero resulta que ella solo podía pagar $60 al mes, ya que pudimos comprobar que el resto de sus ingresos estaban destinados a cosas como vivienda, comida, ropa, transporte y otros artículos necesarios. En base a esta cantidad, si ella continuaba pagando los $60 por mes, después de ocho años el total de sus pagos fiscales sería de $5 760.

En este caso, debido a que pudimos probar la razón por la cual solo podía pagar esa cantidad, el IRS no tuvo otra opción que estar de acuerdo. No significa que no estarán pendientes de esta contribuyente, al contrario, estarán más atentos, pero no tienen muchas opciones en este tipo de casos. Algo que debo agregar aquí es que mi cliente era propietaria de una vivienda con un patrimonio sustancial. Sin embargo, debido a su situación personal, no calificaba para refinanciar su hipoteca y sacar dinero para pagar su obligación tributaria.

En este caso, el IRS envió una carta indicando claramente que estaban de acuerdo con el pago mensual de $60, pero también que seguirían revisando su estado financiero en el futuro, y si algo cambiaba, como mayores ingresos, tendrían que aumentar los pagos mensuales de la contribuyente. Pero si sus ingresos no cambiaban, después de esos ocho años el IRS perdería el derecho de cobrarle el dinero. Esta es otra cosa que no les gusta anunciar, pero es cierto y es buena información para el contribuyente. Incluso cuando piense que su vida ha terminado o que está arruinado financieramente, no entre en pánico; este es solo otro ejemplo para enseñarle que siempre hay opciones, siempre y cuando pueda demostrar que se encuentra en una situación particular en la que solo puede pagar una cantidad específica.

Si está en el proceso de establecer un PPIA o tiene uno actualmente, y es propietario de una vivienda, el IRS contará la plusvalía de la casa como capital, que es lo que sucedió con una de mis clientes recientemente. En una de mis primeras conversaciones con el IRS, me dijeron que mi cliente necesitaba refinanciar su hipoteca y usar parte de esos fondos para pagar lo que debía. Acepté hablar con ella al respecto, pero sabía con certeza que no calificaba para refinanciar la casa porque no tenía el nivel de ingresos requerido. Sin embargo, debido a mis años de experiencia en el campo, sabía que a veces se deben seguir los pasos necesarios y demostrarle al IRS que toma en serio trabajar con ellos y escuchar lo que le piden. Demuestra que usted es capaz de seguir instrucciones y que es una persona responsable, y eso les encanta.

Le dije a mi cliente que iniciara el proceso de refinanciamiento de su casa; ella fue a tres compañías hipotecarias diferentes y llenó los formularios requeridos, presentando los documentos que le pedían. ¿Y qué pasó? Pues que después de hacer las tres solicitudes recibió tres avisos de rechazo de esas compañías hipotecarias confirmando que no calificaba. Sin embargo, esta era una situación positiva para nosotros porque podíamos usar sus cartas de rechazo para demostrarle al IRS que no podía pagar lo que le exigían.

Reuní las solicitudes, las envié al IRS y les dije que, si bien era cierto que mi cliente tenía una casa y tenía plusvalía, era lo que llamamos plusvalía muerta, porque no podíamos hacer nada con ese patrimonio. En realidad, no podía sacar dinero en efectivo porque no estaba calificada para refinanciar su casa, y además de eso, el IRS tenía un gravamen sobre su propiedad. Si en algún momento ella hubiese querido vender la propiedad o calificaba para refinanciar su casa, en circunstancias diferentes, le apuesto que el IRS estará allí para recaudar su dinero porque todos sus ingresos adicionales irían directamente al IRS o hacia la deuda que tenía.

OFERTA EN COMPROMISO

A veces el PPIA no es la mejor opción para un cliente, por lo que en su lugar optamos por una Oferta en Compromiso (Offer in Compromise - OIC, por sus siglas en inglés). En pocas palabras, este es un programa del IRS para cualquier persona que deba impuestos y pueda calificar. Casi todos los días recibo una llamada de alguien que me dice que le debe dinero al IRS y necesita representación, pero lo que realmente quiere es reducir significativamente la cantidad que le debe al IRS. Desafortunadamente, no funciona de esa manera; de lo contrario, cualquier persona que deba dinero y tenga que presentar una declaración de impuestos estaría intentando regatear con el IRS. No es tan simple como llamar al IRS y ofrecerles una cantidad aleatoria: hay varios pasos y procedimientos que debe seguir.

Supongamos por un minuto que tiene una deuda tributaria de $50 000. Ya sabemos que el IRS tiene un límite de tiempo específico para cobrar ese dinero, también conocido como el CSED. Si quedan siete años para que el IRS cobre su responsabilidad, lo que tendríamos que hacer para reducir la cantidad que debe sería hacer un análisis financiero completo, como con las otras opciones. ¿Cuál es su ingreso actual, por ejemplo? ¿Cuáles son sus gastos comerciales actuales, si los tiene, y cuáles son sus gastos personales actuales permisibles bajo la ley? Como ya vimos, no todos los gastos son permisibles según el IRS. Se basan en lo que llamamos "estándares nacionales y locales". Si bien podemos negociar esas cantidades hasta cierto punto, son estándares preestablecidos. Si podemos demostrar al IRS con el análisis financiero que el cliente puede asumir un monto total de $20 000, entonces haremos una oferta por este monto, que el IRS solamente podrá aprobar en base a estados de cuenta bancarios, recibos y otros documentos de respaldo.

Entonces, y solo entonces, podremos enviar un OIC. Lo revisarán y, en la mayoría de los casos presentarán una contraoferta, con la que el contribuyente podrá estar de acuerdo o en desacuerdo. El IRS no solo toma en consideración el estado financiero actual del contribuyente, sino que también analizará sus antecedentes sobre los ingresos generados. Por ejemplo, tal vez el contribuyente tiene un historial de un negocio exitoso que de repente tuvo un mal año; tomarán eso en consideración, así como su experiencia y acreditación profesional, ingresos a futuro por herencia, ingresos de seguro de vida, bienes comerciales y personales, inversiones, etc.

La mayoría de la gente piensa que este proceso es bastante simple, y casi todos los días recibo llamadas de clientes que me piden que les ayude a reducir su adeudo. Si fuera tan fácil, cualquiera podría llamar al IRS y hacerle esta petición, pero no lo es, tenemos que hacer un análisis financiero muy detallado y complejo, teniendo en cuenta varias circunstancias para encontrar la mejor opción para el cliente.

Cuando estoy representando a un contribuyente, reviso la contraoferta para ver si existe la posibilidad de apelar la decisión y negociar nuevamente una reducción del monto de la oferta. Entonces el IRS y yo saldamos cuentas sobre lo que debe el contribuyente por una cantidad menor. Este tipo de casos es confuso para algunos porque no se trata de que el IRS reduzca lo que debe, sino que pueda aceptar la cantidad que usted ha probado es capaz de pagar. Pero en su registro tributario aparecerá que el monto de la deuda original era el monto original, en este caso, de $50 000.

Para darle un ejemplo más extremo, una vez tuve una pareja con una deuda tributaria de más de $530 000. Era una pareja sin dependientes, y cuando hicimos el análisis financiero, el monto total de la oferta que presentamos al IRS era de $300. Por lo general, el IRS tarda aproximadamente un año en responder si está de acuerdo o no con la oferta, pero la ley le otorga al IRS un máximo de dos años para responder. Si después de dos años el IRS no responde, entonces significa que la oferta ha sido aceptada automáticamente (pero las posibilidades de que no respondan dentro de dos años son mínimas, ¡así que no se haga ilusiones!). Mientras esperábamos su respuesta, en este caso el IRS estuvo ocupado solicitando talones de cheques de pago, estados de cuenta bancarios y algunos otros documentos de respaldo durante el primer año. Eventualmente recibimos la contraoferta del IRS donde declararon que no aceptarían nuestra oferta de $300 y propusieron liquidar la obligación tributaria en

$44 000. En este tipo de situación, siempre tiene derecho a apelar la decisión tomada por el IRS, como hemos visto en otros ejemplos de este libro.

Después de revisar la contraoferta, le dije a mi cliente que teníamos motivos para apelar y negociar por un monto mucho menor porque descubrí algunos errores que el IRS había cometido. Aún así, el cliente solo quería llegar a un acuerdo y sentía que la contraoferta era demasiada buena para ser verdad: no podía creer que su deuda con el IRS de $530 000 iba a convertirse en tan solo $44 000.

El cliente me dijo que no tenía el dinero, pero que encontraría la manera de conseguirlo pidiendo ayuda a amigos y familiares. Tampoco quiso apelar porque pensó que el IRS se enojaría. Traté de decirle que no lo harían, pero al final, era mi cliente y él no quería correr el riesgo. Cerramos el caso en $44 000, un perfecto ejemplo de cómo funciona un OIC. Una vez más, esto no significa que el IRS haya reducido la obligación tributaria a $44 000; en el registro tributario todavía figura el adeudo original de más de $530 000 del cliente.

CUENTAS EN UN ESTADO ACTUAL DE INCOBRABLES

Pasaremos ahora a otra opción para contribuyentes que no pueden pagar deudas por razones económicas y buscan aplazar el cobro de la deuda (conocida en inglés como Currently Not Collectible o CNC). Esta opción trae muchos beneficios, siendo uno de ellos que el contribuyente no tiene que preocuparse por hacer pagos mensuales al IRS. Como sabemos, existen estándares establecidos por el IRS sobre cuánto gastan los contribuyentes en vivienda, alimentos y otras necesidades a nivel local y nacional, y esta cantidad puede cambiar dependiendo de si el contribuyente gana o no suficiente dinero para cubrir gastos además de sus necesidades básicas. A veces, un contribuyente no califica para un OIC porque tiene activos, como el patrimonio neto de su casa, y esto es lo que el IRS tiene en cuenta, no solo los ingresos, sino también los activos.

Tomando esto en cuenta, ¿cuáles son las opciones para un contribuyente que no puede pagar más allá de sus ingresos y no tiene activos? A pesar de lo que algunos puedan pensar, existen soluciones, y una de ellas es solicitar al IRS colocar la cuenta en la categoría de incobrable. El beneficio de colocar una cuenta en la categoría de incobrable es que el tiempo que tiene el IRS para cobrar el dinero adeudado sigue corriendo — recuerde, este período de tiempo es lo que hemos estado llamando el CSED. Déjeme darle un par de ejemplos. (Por otro lado, si bien la deuda sigue vigente, por lo menos, las acciones de cobro pueden ser detenidas o suspendidas, en cuyo caso el IRS detendría los embargos y dejaría de enviar los avisos de cobro al contribuyente.)

Por lo general, el IRS revisa las cuentas incobrables cada dos años aproximadamente y, por supuesto, cuando lo hacen, prestarán mucha atención a las declaraciones de impuestos, especialmente si el contribuyente presenta una declaración con ingresos mayores a los que proporcionó al momento de la negociación. Si esto sucede, entonces el IRS enviará un aviso o hará una llamada para informarle al contribuyente que saben que está ganando más dinero. Entonces el IRS revisará el caso para determinar si el contribuyente puede comenzar a hacer pagos mensuales. Por otro lado, si el contribuyente gana la misma cantidad o menos, es probable que el IRS no tome medida alguna.

Recuerdo una vez una posible cliente que vino a mi oficina y me dijo que tenía una deuda con el IRS de más de $200 000. Dije: "Está bien, revisemos juntos su registro tributario con el IRS". Durante mi entrevista le pregunté cuánto estaba ganando y me dijo que no tenía ingreso alguno al momento pero que estaba recibiendo algo de dinero por discapacidad. Mi respuesta fue que la mayoría de las personas no pueden vivir solo con pagos por discapacidad. Respondió que también tenía un par de casas de alquiler en Long Beach (un área en el sur de California donde muchas de las casas son caras). Cuando le pregunté el valor de sus casas, me dijo que una rondaba en un millón de dólares, lo que significaba que probablemente tenía $2 millones de patrimonio, dependiendo de las hipotecas. Una de ellas ya había sido pagada y la otra casa tenía una hipoteca muy baja.

Tuve que darle la mala noticia de que no creía que tuviéramos un caso porque el IRS le iba a pedir que refinanciara ambas casas. Ella estaba molesta porque dijo que no estaba generando ningún ingreso. Y, aunque estaba de acuerdo con ella, también le señalé que tenía dos casas. Podría vender una y seguir alquilando la otra si quisiera. Este es un ejemplo de un caso en el que no podía hacer mucho para ayudarla debido a los bienes de propiedad que tenía. Y cuando llamé al IRS, supe que le dirían que vendiera la casa, pagara los impuestos y se quedara con el resto. Al final, la situación no fue ideal porque tuvo que pagar el monto total, pero al menos tenía recursos para liquidar su deuda y seguir viviendo cómodamente, lo cual no siempre es el caso para todos.

Normalmente, una de las primeras cosas que hago cuando me reúno con un cliente es revisar su registro tributario con el IRS y verificar el CSED. La fecha de vencimiento para este cliente era en octubre; ella vino a mí en febrero, por lo que en unos meses estaría libre de su obligación tributaria. Básicamente, mi conversación con esta cliente fue simple. Le dije que no hiciera nada para evitar llamar la atención del IRS. Dependía del IRS confiscar sus activos para cobrar el adeudo porque en pocos meses la obligación tributaria desaparecería. Configuré una alerta para recibir el registro tributario después de la fecha de vencimiento. En la fecha indicada leí el registro y la obligación tributaria era cero, lo que significaba que la obligación tributaria ya no existía — otro beneficio de colocar las cuentas en estado CNC.

Recientemente, otro cliente fue un hombre de cuarenta y tantos años que me llamó un día y me dijo que tenía una deuda tributaria de más de $200 000 con el IRS. Cuando le pregunté cómo se ganaba la vida, me dijo que era camionero y que, para obtener una licencia de conducir, necesitaba su pasaporte estadounidense. Dijo que me estaba llamando porque su licencia de conducir había vencido y como no podía renovarla, había perdido su trabajo. No entendía por qué no podía renovar su licencia, pero entonces me explicó que para tener ese tipo de licencia de conducir, su pasaporte estadounidense tenía que estar activo, y que debido a que su deuda tributaria superaba los $50 000, el IRS se había comunicado con el Departamento de Estado de los Estados Unidos para alertarlos sobre su situación. Por lo tanto, no renovaron su pasaporte y, en consecuencia, no estaba ganando dinero. Cuando le pregunté cómo pagaba sus cuentas me dijo que vivía con su novia, quien cubría todos sus gastos.

En general, no era una situación ideal porque mi cliente no tenía activos, no tenía ahorros, no tenía nada en absoluto. Así que nos pusimos a trabajar y completamos el papeleo, luego me comuniqué con el IRS y les informé que mi cliente no estaba ganando dinero y que no podría enviar pagos por ningún monto, que le era imposible dada su situación. El IRS estuvo de acuerdo con nosotros y colocó su caso en estado de CNC, seguido de una carta oficial para mi cliente.

Una vez que recibimos la carta, nos comunicamos con el Departamento de Estado sobre su pasaporte. La buena noticia aquí es que hay una disposición que dice que, si la cuenta del titular está en estado CNC, el permiso para un pasaporte será otorgado. Unos meses después, mi cliente pudo renovar su pasaporte y su licencia. Recuperó su trabajo y ahora está trabajando de nuevo. Mientras tanto, la cuenta todavía está en estado CNC. Al momento de escribir este libro, han pasado más de un par de años y no he sabido de él, lo que significa que debe estar muy bien.

ALIVIO PARA EL CÓNYUGE INOCENTE

Otra táctica que puede aplicarse es el alivio para el cónyuge inocente, que se aplica a un determinado grupo de contribuyentes. En este caso, se le puede eximir de la responsabilidad de pagar multas e intereses por impuestos si su cónyuge (o excónyuge) proveyó información incorrecta u omitió información en su declaración de impuestos. En general, cuando es elegible para un alivio, solo le pueden cobrar los intereses y multas fiscales a su cónyuge o excónyuge. Sin embargo, si usted es responsable conjunta o individualmente de cualquiera de los intereses y multas fiscales que no califican para el alivio, el IRS puede cobrar estos montos de usted o de su cónyuge o excónyuge. El alivio para el cónyuge inocente solo se aplica a los impuestos de ingresos individuales o de trabajo por cuenta propia.

Tenga en cuenta aquí que los impuestos sobre la nómina para empleados domésticos, los pagos de responsabilidad compartida para individuos, los impuestos sobre los ingresos de un negocio y las multas por recuperación del fondo fiduciario no son elegibles para el alivio del cónyuge inocente. El IRS calculará los impuestos de los que usted es responsable después de presentar el Formulario 8857. Usted no tiene obligación de calcular este monto por su cuenta, pero primero debe cumplir con las condiciones específicas para calificar para el alivio para el cónyuge inocente, que puede encontrar enumeradas en detalle en el sitio web del IRS.

Muchos contribuyentes casados eligen presentar una declaración de impuestos conjunta debido a ciertos beneficios que este estado civil les otorga. Al presentar una declaración conjunta, ambos contribuyentes son responsables legalmente del impuesto y cualquier monto adicional al impuesto, intereses o sanciones que surjan de la declaración conjunta, incluso si luego se divorcian. La responsabilidad conjunta significa que cada contribuyente es legalmente responsable de la obligación tributaria en su totalidad.

Por lo tanto, ambos cónyuges en una declaración de impuestos conjunta generalmente son responsables de todos los impuestos, incluso si solo uno de los cónyuges obtuvo todos los ingresos o reclamó deducciones o créditos indebidos. Esto también se aplica incluso si un decreto de divorcio establece que un excónyuge será responsable por cualquier monto adeudado en declaraciones conjuntas previamente presentadas. En algunos casos, sin embargo, un cónyuge puede obtener alivio de ser conjunta y solidariamente responsables.

CÓNYUGE PERJUDICADO

Ahora, supongamos que presentó una declaración de impuestos conjunta, lo que significa que usted y su cónyuge están presentando una única declaración de impuestos con información financiera de ambos, y reclamando juntos hijos en su declaración. Esto significaría que usted y su cónyuge actual tienen una declaración conjunta, y solo para utilizar montos concretos, digamos que la declaración de impuestos que presentaron los califica para un reembolso de $3 000.

Para poner en evidencia mi punto, suponga por un momento que su cónyuge no está al día con su responsabilidad de pagos de manutención infantil. Recibiría una carta del IRS indicando que el reembolso de $3 000 fue enviado al estado porque él tenía una pensión alimenticia pendiente. En lugar de enviarle el reembolso, el IRS envía el dinero a la agencia de manutención infantil; en este caso, puede calificar para un alivio bajo el programa de cónyuge perjudicado del IRS.

Si, por otro lado, no es responsable de pagos de manutención infantil, podría entonces completar el Formulario 8379, Asignación del Cónyuge Perjudicado, y enviarlo al IRS. Esto le permitiría dar una explicación diciendo que entiende que su cónyuge tenía un impuesto para la manutención de los hijos, pero que en realidad esa no era su responsabilidad. Que, aunque es cierto que presentó una declaración de impuestos conjunta, individualmente usted no es responsable de la manutención infantil no pagada. Si el IRS acepta su explicación, harán algunos cálculos y determinarán el porcentaje del reembolso que tiene derecho a recibir. Como demuestra este caso, usted no era responsable de los pagos de manutención de los hijos, por lo que no era justo que usted, como individuo en el matrimonio, perdiera aquel dinero.

Ahora que tenemos más conocimiento sobre las diversas opciones disponibles para las personas con deudas tributarias. En el próximo capítulo nos centraremos más en maneras de resolver un problema tributario con el IRS. Mi oficina tiene muchos consejos y recursos, incluyendo instrucciones paso a paso para que esta información sea completa, manejable y lo menos estresante posible.

CAPÍTULO OCHO

NUESTRO EXITOSO SISTEMA, PASO A PASO, PARA RESOLVER SUS PROBLEMAS CON EL IRS

La buena noticia es que usted no es la única persona que ha tenido problemas con el IRS. Millones de personas en los Estados Unidos tienen algún tipo de problema con esta agencia, ya sea porque no presentaron una declaración de impuestos, no pagaron sus impuestos a tiempo o hicieron errores de cálculo, entre muchos otros escenarios. No solo no está solo, sino que al leer este libro (este capítulo en particular) tendrá más herramientas y opciones para salir adelante y una mejor compresión de cómo funciona el sistema. No solo ahorrará dinero a futuro, sino que también podría ganar algo de dinero.

A lo largo de los años, he desarrollado un sistema exitoso que elimina el estrés y las conjeturas en torno a sus dificultades fiscales, ya sean de menor o mayor alcance. Tampoco importa con qué monto de deuda esté lidiando, ya que he estado representando a contribuyentes con una deuda tributaria mínima, así como a aquellos con una deuda tributaria de más de un millón de dólares. Es decir, este sistema es casi universal en términos de quién pueda usarlo, y es algo que puede aplicarse a cada caso que administramos anualmente. Mi sistema consta de tres sencillos pasos que utilizo siempre para cualquier actividad: tarea, responsabilidad o problema. Como me dijo hace muchos años uno de mis mentores, un piloto: convertirse en piloto comercial es muy simple, solo necesitas aprender tres cosas, cómo despegar, cómo mantener el avión en el aire y cómo aterrizar. Desde entonces, siempre trato de hacer las cosas lo más simple posible.

PRIMER PASO

El primer paso que tomamos cuando trabajamos con un contribuyente es revisar su cuenta con el IRS para ver si el contribuyente está al día con sus responsabilidades, algo a lo que nos gusta referirnos como "limpiar el pasado". Y cuando revisamos este registro tributario y lo analizamos o investigamos, es cuando podremos ver tanto las cosas buenas como las malas. Para serle honesto, la mayoría de las veces cuando revisamos un registro éste ya es un desastre, porque el cliente ha recurrido a nosotros con una deuda tributaria. Entonces, cuando usted acude a nosotros, comenzamos por revisar su caso y asegurarnos de que esté al día con sus responsabilidades como contribuyente, como haber presentado con diligencia todas las declaraciones de impuestos.

Cuando tiene una deuda tributaria, la mayoría de las veces se trata de un caso civil, por lo que se espera que no suceda nada: simplemente usted paga su dinero y el problema se arreglará, o si no tiene el dinero para pagar, puede negociar lo que debe al IRS. Sin embargo, no siempre es tan simple ya que, cuando las personas no presentan una declaración de impuestos, esta situación puede convertirse (si ya no lo es) en un caso penal porque el acto de no presentar una declaración de impuestos viola la ley fiscal federal.

Como ya sabe, el IRS presta mucha atención a las personas que no presentan declaraciones de impuestos, por lo que es muy importante que esté al día con sus responsabilidades fiscales, declaraciones de impuestos y cualquier otra legalidad, como declaraciones de impuestos sobre la nómina o cualquier otro tipo de informe fiscal. Después de esto, tendré una conversación con usted para repasar lo que he descubierto.

También especificaremos el período que el IRS fijó para cobrar el dinero, que es el CSED. Luego revisaremos algunas preguntas sobre su situación financiera pasada, actual y futura para poder darle una mejor recomendación sobre las opciones que tiene para resolver los impuestos atrasados.

También está la revisión de los pagos. Supongamos que usted ha estado realizando varios pagos, pero descubre que su deuda tributaria ha aumentado en lugar de disminuir. ¿Cómo puede ser esto? El IRS aplica los pagos que usted envía a su deuda, pero a veces el interés es más alto que el pago en sí mismo. Es por eso que es fundamental usar nuestro sistema para revisar en gran detalle su registro tributario para brindarle información precisa sobre los pagos y el estado de su cuenta con el IRS. Algo que siempre hacemos es llamar al IRS y suspender las acciones de cobro. En dicha conversación, les haré saber que usted tiene conocimiento de que no ha estado cumpliendo con los pagos de impuestos estimados o con la presentación de declaraciones de impuestos, y que sabe lo que debe hacer ahora.

Las conversaciones y la comunicación abierta son factores importantes para el éxito cuando se trata de lidiar con el IRS, por lo que siempre les pregunto a mis clientes si están dispuestos a seguir mis recomendaciones, porque si no lo hacen, entonces no podré resolver su caso. No estoy seguro por qué, pero a veces el contribuyente piensa que al contratarme voy a resolver todos sus problemas, pero esto no es cierto. Lo que hacemos, en realidad, es trabajar en equipo, y es fundamental que mi cliente me proporcione con la información y documentos de respaldo para armar su caso. Se los dejo muy claro desde un principio y les digo que voy a necesitar su compromiso para resolver cualquier dificultad. Si están de acuerdo y logramos revisar todo y limpiar el pasado, entonces llamo al IRS para suspender la acción de cobro.

Cuando decido representar a un cliente, comenzamos a trabajar de inmediato. Cuando hablo con el agente del IRS, siempre les digo que no tomo casos con contribuyentes que no se comprometen a trabajar conmigo en serio; algo que al IRS le gusta escuchar. Les conviene cerrar casos y eliminar recolecciones atrasadas de impuestos de sus libros. Además de eso, también es muy costoso para el IRS tener una cuenta por cobrar abierta porque eso significa tiempo, recursos, tener que enviar los avisos de cobranza al contribuyente, y en ocasiones los cobradores — agentes tributarios — son los encargados de cobrar el dinero. No solo es un sistema costoso, sino que también requiere de mucho trabajo, y con tal de tener menos de qué preocuparse, estarán felices.

Para repetir lo ya dicho, al IRS le gusta escuchar que el contribuyente va a cumplir con los requisitos y trabajar conmigo, por lo que la mayoría de las veces aceptará trabajar conjuntamente. Buscan la cuenta en su sistema, revisan el registro tributario de mi cliente y están dispuestos a proporcionarme toda la información que necesite. Por supuesto, necesitaré tener el poder de representación para demostrar que tengo derecho a recibir dicha información en representación de mi cliente y también tendré que presentar toda la documentación necesaria.

Antes de entrar en la sección de negociaciones, quiero dejar claro que el IRS no estará dispuesto a hablar conmigo sobre el impuesto sobre la nómina, porque el impuesto sobre la nómina no está mencionado específicamente en el poder de representación. Sin embargo, aparte de eso, una vez que tenga toda la información del IRS, sabré cuáles serán los próximos pasos para mi cliente. El primer paso no es más que una investigación y revisión de registros de su cuenta con el IRS para averiguar el adeudo tributario total y las responsabilidades de presentación de declaraciones que no se han cumplido hasta entonces.

SEGUNDO PASO

El segundo paso es cuando le brindamos recomendaciones a seguir, que pueden incluir la presentación de declaraciones de impuestos de años anteriores, porque el IRS ni siquiera escuchará su caso si no está al día con sus declaraciones. Por lo tanto, es uno de los pasos más importantes para estar al día con sus obligaciones tributarias cuando se trata de presentar declaraciones de impuestos anteriores. Cuando hayamos resuelto esta parte, podremos darle recomendaciones, como cuando es necesario comenzar a realizar los pagos de impuestos estimados para el año en curso, de modo que, cuando termine el año, usted haya pagado el saldo del año vigente y pueda evitar que la deuda tributaria incremente. Durante este paso, también discutiremos cómo evitar cometer los mismos errores que lo llevaron a tener problemas fiscales. Por ejemplo, a veces, cuando el impuesto sobre la nómina es un problema, le decimos al cliente que debe estar al día con sus depósitos de impuestos.

La mayoría de las veces es cuestión de modificar el comportamiento del contribuyente. Es su comportamiento lo que condujo a tener problemas fiscales, por lo que es importante corregir estas acciones para evitar repetir los mismos patrones. Puede parecer increíble, pero a veces cuando entrevisto a clientes, les pregunto qué declaraciones le deben al IRS; a veces puede ser una o dos, pero a veces son declaraciones de varios años consecutivos. Cuando descubro esto, no podemos dar un paso más hasta solucionar de inmediato todos estos problemas. De lo contrario, cuando llamemos al IRS para negociar o detener el cobro, nos dirán de inmediato que el contribuyente no ha realizado ningún pago de impuestos estimados por años o está atrasado con sus responsabilidades de declaración de impuestos. Por supuesto, antes de que esto suceda, como dije antes, tengo una conversación muy directa con mi cliente sobre lo que significa para mí representarlo. Significa que el IRS dejará de comunicarse con el contribuyente y yo me haré responsable de las acciones del contribuyente, por lo que les corresponde cumplir con la ley.

A veces, una conversación es suficiente para que haya un entendimiento, pero a veces se necesitan varias. El punto es que el cliente debe comportarse, de lo contrario retiraré mi poder de representación. Y eso es todo, tendrá que defenderse solo, sin mi protección. La mayoría de las veces el cliente está de acuerdo, y cuando no lo está, entonces la decisión de separarse es fácil antes de comprometerme demasiado en un caso. De vez en cuando, cuando analizo un caso y veo que puede convertirse en un caso criminal, elijo no representarlos, no porque no quiera ayudarlos, sino porque si represento a alguien que ha hecho algo ilegal, entonces también terminaré convirtiéndome en el mejor testigo para el IRS y el peor enemigo del contribuyente. ¿Por qué? Pues porque, por ley, si su caso se vuelve en un asunto criminal y el IRS me pide información sobre lo que me dijo o los documentos que me dio, tendré que proporcionarles toda aquella información. Involuntariamente me convertiría en el mejor testigo en su contra ante el IRS, y sería muy difícil para usted ganar. Como alternativa, sin embargo, si resulta ser un caso penal usted podría contratar a un abogado, y luego, si el abogado necesita ayuda, podría contratarme para trabajar junto a él. El objetivo del segundo paso es estar al día con todas sus responsabilidades como contribuyente.

PASO TRES

Una vez que haya cumplido con sus responsabilidades tributarias vigentes, podemos negociar su deuda con la mejor opción y pasar al paso tres que es sencillo porque ya resolvimos la parte más dolorosa y tediosa del proceso.

El paso tres sigue siendo muy importante, pero es mucho más simple porque ya hicimos todo el trabajo duro; todo lo que queda por hacer es reunir y recopilar nuevas pruebas a su favor. Luego, tendremos que completar la documentación requerida para demostrarle al IRS que nuestro caso es una opción factible. En esta etapa necesitamos ser muy creativos, sin violar la ley, y lo que hacemos en esta fase es la razón principal por la que me ha contratado.

En esta etapa, tendré otra conversación con usted para informarle — después de poner todo en orden, hacer el análisis y pensar en proteger sus mejores intereses — este es la mejor opción que puedo ofrecerle, bajo la ley. Si está de acuerdo, enviamos la documentación al IRS y comenzamos el proceso de negociación. Como ya mencioné en el capítulo anterior, el IRS posee estadísticas de ingresos y gastos a nivel nacional y local, por lo que se tomarán algún tiempo en analizar estos números y compararlos con lo que les proporcionamos.

Todo esto es una negociación porque a veces el IRS necesita más información de la proporcionada en estas estadísticas. Por ejemplo, cuando se trata de vivienda y servicios, a veces la cantidad estimada tiene sentido, pero durante algunos meses el cliente puede haber tenido el aire acondicionado encendido todo el día y toda la noche porque era verano y la temperatura había subido a más de 100 grados. O tal vez en el invierno tuvo que hacer funcionar la calefacción de la misma manera que el aire acondicionado, las veinticuatro horas al día, lo que significa que la factura de la electricidad va a fluctuar.

Si la factura de servicios públicos es más alta que lo que proporcionan las estadísticas del IRS, podemos negociar y decirles que necesita incrementar la cantidad que las estadísticas muestran. Como siempre, tendremos que proporcionar documentos de respaldo para corroborar nuestro reclamo.

Otra área es la cantidad promedio para el gasto familiar en alimentación; pero siempre se dan circunstancias especiales. Por ejemplo, tal vez tenga la recomendación de un médico para seguir una dieta específica con específicos tipos de alimentos, y el costo de los alimentos especiales es más alto de lo que han establecido en el promedio. Siempre defenderemos su salud, lo que también trae a mente casos en los que un contribuyente no tiene seguro médico. Recomendamos a los contribuyentes comprar seguro médico porque el seguro médico es un gasto aceptable para el IRS, al igual que un pago razonable para un seguro de vida. Incluso puede tener derecho a comprar un auto nuevo para reemplazar un auto viejo.

Cuando planificamos y negociamos, no solo lo hacemos con el IRS sino también con el contribuyente para minimizar el monto por pagar, pero también para proteger al contribuyente al proveerle al IRS recomendaciones que aceptaría de buen modo. Como he mostrado en ejemplos anteriores, hay una gran variedad de opciones que podemos tomar para minimizar los pagos mensuales o minimizar el monto de la oferta que vamos a negociar con el IRS, incluida la opción de colocar la cuenta en categoría de incobrable.

Para reiterar, los tres pasos comienzan con revisar el registro tributario de un contribuyente, limpiarlo, luego tener una conversación con el contribuyente sobre los gastos permitidos por el IRS y, la mayoría de las veces, hacer una planificación para reducir el pago mensual que propondremos al IRS como resolución de su deuda tributaria. Puede parecer simple, y a veces tengo personas que me llaman y me preguntan por qué deberían contratarme si pueden tomar estos pasos por su cuenta. Si bien nunca le diría a alguien que no lo intente, la verdad es que el IRS no le proporcionará nada más que información directa de los estándares nacionales y locales y lo que sea que ya esté en línea. El IRS existe para proteger los intereses del gobierno, no para proteger sus intereses. Es por eso que cuando contrata a alguien para que lo represente, la mayoría de las veces no solo tendrá una mejor oportunidad y obtener un mejor trato, sino que también podrá ahorrar algo de tiempo y dinero.

Además, todos los gastos de representación son deducibles de impuestos y, en la mayoría de los casos, reducirán el monto del pago u oferta propuesta al IRS para su resolución. Digamos, por ejemplo, que después de completar el análisis financiero, le hacemos una oferta al IRS de $7 000 y la tarifa para representarlo es de $3 000; se puede reducir el monto de la oferta de $7 000 a $4 000 porque los $3 000 que pagaría por la representación ante el IRS es un gasto permitido. En otras palabras, usted no pagará mis honorarios, lo hará el IRS. Por otro lado, si optáramos por un plan de pago mensual, y después del análisis financiero el monto por pagar es de $300, y asumiendo que usted haría un pago por representación de $100, en este escenario, el pago al IRS sería de tan solo $200, en lugar de los $300. Pregunto, entonces, ¿quién paga mi tarifa, usted o el IRS? La respuesta es el IRS.

CAPÍTULO NUEVE

SUS OBLIGACIONES DESPUÉS DE UNA RESOLUCIÓN DE UNA DEUDA FISCAL

Si ha llegado a este capítulo del libro, tómese un momento para felicitarse a sí mismo: estamos casi al final de nuestro viaje fiscal. Estoy muy contento de que haya confiado en mí y en si mismo para ampliar sus conocimientos y opciones sobre la planificación financiera, los impuestos y el IRS. En este capítulo, nos centraremos en la resolución de su deuda tributaria, las condiciones más comunes, el período de "prueba" de un OIC, cómo cumplir con su responsabilidad y más.

Una vez que usted y el IRS hayan llegado a un acuerdo, el IRS establecerá algunas condiciones y responsabilidades para que las siga y cumpla con el fin de mantener los términos del acuerdo. Coloquialmente defino esto como el período de prueba, que no es el término que usa el IRS, que comprende los cinco años posteriores a la aceptación de la oferta de compromiso. Para nuestros propósitos, llamarlo el periodo de prueba tiene más sentido para nuestra discusión.

Algunas de las condiciones son sencillas y nada fuera de lo común, simples responsabilidades que debe cumplir con el IRS. Por ejemplo, debe presentar sus declaraciones de impuestos antes de la fecha de vencimiento, incluyendo las prórrogas. Otra responsabilidad a tener en cuenta es que, cuando presente su declaración de impuestos, no debe haber obligaciones tributarias pendientes de pagar. Lo que eso significa es que, si usted es dueño de un negocio, debería haber estado haciendo pagos de impuestos estimados durante todo el año, de acuerdo con sus ingresos. Si es un empleado, debe tener la retención correcta de su cheque de pago; esto no es obligatorio, pero recomendable. De lo contrario, al presentar su declaración de impuestos, si no tuvo una retención correcta, lo más probable es que su factura de impuestos sea alta, lo que puede ponerlo en una situación de no poder pagarla y esto pudiera traer como consecuencia que el IRS revoque el convenio que previamente había aceptado. En relación a una OIC, si esta fue aceptada bajo las condiciones de una suma global, entonces los pagos deben hacerse a tiempo y periódicamente. Es una simple cuestión de prestar atención a las fechas y asegurarse de estar al día con los pagos correspondientes; si configura pagos automáticos en lugar de iniciar una nueva sesión en el sitio web del IRS cada mes, ni siquiera tendrá que pensar en ello.

Esta responsabilidad no debería sorprenderle, ya que es el elemento más básico, y cumplir con su responsabilidad como contribuyente no es negociable. El IRS le informará sobre su situación con claridad, y si puede manejarlo, no lo molestarán.

Otra cosa que debe tener en cuenta aquí es que el IRS no permitirá que usted aumente su deuda tributaria, sino que mantendrá la cantidad específica establecida en su caso, ya sea el impuesto sobre la renta, el impuesto sobre la nómina u otros tipos de impuestos deben de estarse liquidando. Esto debería tranquilizar a muchas personas. Aún así, el IRS puede revocar el acuerdo si no cumple con sus responsabilidades. En otras palabras, básicamente prefieren un contribuyente "perfecto".

En términos de lapso de tiempo, en el caso de un OIC, el período de prueba será de cinco años. Sin embargo, ¿qué sucede si la resolución no fue a través de un OIC sino mediante un plan de pago? En ese caso, el IRS hará cumplir las responsabilidades a las que se llegaron al momento del acuerdo. Si no cumple con los requisitos — al no presentar su declaración de impuestos antes de la fecha de vencimiento, incluidas las prórrogas, o al no realizar los depósitos de nómina a tiempo — el resultado será bastante sencillo: el IRS va a revocar cualquier negociación si no fue un OIC, y recibirá una carta diciendo que no cumplió con sus responsabilidades.

Este tipo de situación es especialmente triste

porque el contribuyente hizo todo el esfuerzo y trabajo para llegar a un acuerdo con el IRS, solo para no cumplir con las responsabilidades y perderlo todo. La única forma de componer esta situación, potencialmente, es ser proactivo y notificar al IRS lo antes posible para evitar malentendidos. Si estuviera representando a un cliente en esta situación, llamaría al IRS de inmediato y le explicaría la situación para informarles que el cliente no cumplió, pero que lo estamos arreglando en ese momento y que no volverá a ocurrir. Resumiendo, es importante seguir las recomendaciones e instrucciones establecidas en la carta del IRS.

A pesar de la simplicidad de las reglas — siga las condiciones y no se retrase — las personas no siempre hacen lo que deben mientras están en un periodo de prueba. Si no sigue las condiciones, el IRS revocará los acuerdos y la negociación, sin vacilación alguna, porque lo mejor para el IRS es obtener dinero de usted y no esperar. Y recuerde, esto se aplica no solo al impuesto sobre los ingresos, sino también a los impuestos sobre el empleo, los impuestos sobre la nómina y otros informes y obligaciones de las personas y de las empresas.

CAPÍTULO DIEZ
PARA MIS COLEGAS

Me gustaría tomar espacio aquí para dirigirme a mis colegas. Si bien espero que todos tengamos éxito individualmente, también quiero insistir sobre la importancia de trabajar juntos, especialmente si un cliente anterior o actual se pone en contacto con usted en busca de representación ante una auditoría, análisis de una auditoría o declaraciones de impuestos que había preparado para ellos. Mi primera pregunta para usted sería, ¿representaría a su propio cliente, aunque pueda haber un conflicto de intereses? Le aconsejo que piense seriamente en esto antes de cerrar un contrato, ya que el agente del IRS le preguntará si tiene el conocimiento y la experiencia necesarios para representar a clientes. Y si bien puede ser tentador decir que sí, o tener un poco de exceso de confianza en sus habilidades, creo que los riesgos superan los posibles beneficios.

Por ejemplo, el agente a cargo del caso puede mirar la declaración de impuestos y decir que notó que el contribuyente que usted representa reclamó 20 000 millas recorridas en auto, por lo que necesita prueba del millaje en base al registro. Si no tiene pruebas o documentación, regresarán y le preguntarán por qué la incluyó en la declaración de impuestos en primer lugar. En este punto, es posible que se ponga nervioso y les diga que los números que tiene son los números proporcionados por su cliente, pero el agente no aceptará esta afirmación. Como representante del cliente, es su responsabilidad obtener los hechos, por lo que lo inculparán por no hacer más preguntas y obtener las pruebas y la documentación necesarias.

Ahora, si alguna vez se encuentra en esta desafortunada situación, puedo apostar que se arrepentirá de haber aceptado representar a su propio cliente en una auditoría. Requiere de mucho trabajo, tiempo e investigación, y mi mejor consejo es pensar realmente dos veces la próxima vez que un cliente acuda a usted para que lo represente ante una auditoría de una declaración de impuestos. No solo puede ser un verdadero conflicto de intereses, sino que también será probablemente más trabajo de lo que vale la pena. Otro consejo es que, si ha dicho que sí, o está pensando representar a un cliente en una auditoría, no se deje engañar por el personal o agente del IRS. Pueden ser educados, amables y serviciales, pero al final del día, si el IRS decide hacer una auditoría de una declaración de impuestos, es porque ya saben que algo no anda bien. No van a perder tiempo en casos o archivos con una tonelada de información, documentos y pruebas; van a ver lo que no cuadra, dónde hay errores, y para usted y su cliente, será una batalla cuesta arriba.

En base a mi experiencia, sé que una de las claves del éxito cuando se trata de representar a un cliente en una auditoría es jugar en base a las reglas establecidas. A veces nos olvidamos de que las reglas del IRS están hechas para proteger los intereses del gobierno, no los intereses de los contribuyentes, y harán lo que sea para recuperar el dinero que se les debe. Esta es la razón por la cual estar informado y tener una buena estrategia es fundamental para salir adelante, y una vez que la tenga, hay medidas que podemos tomar como profesionales de impuestos en beneficio del contribuyente.

Como alguien con mucha experiencia en esta área y que sabe cómo jugar el juego en base a las reglas, recomiendo enfáticamente a mis colegas que se comuniquen conmigo para trabajar juntos. Sin embargo, antes de eso, le recomiendo hacerle tantas preguntas como sea posible a su cliente para saber cuál es su situación. Una vez que tenga una buena idea, sugiero que el contribuyente se comunique conmigo para trabajar juntos. He estado haciendo esto durante muchos años y, de hecho, una fuente importante de posibles clientes proviene de otros profesionales de impuestos y contadores de todo el país.

También diré aquí que, si va a representar a un cliente en una auditoría, entonces necesitará conocer la ley al derecho y al revés. Si cree que no tiene el conocimiento y la experiencia adecuados, tenemos casi treinta años de experiencia representando a clientes y estaríamos encantados de ayudarle. Cuando los preparadores de impuestos se acercan a mí en este tipo de situaciones, siempre les aseguro que el cliente es suyo. Me concentraré solamente en la representación y no en otros servicios como preparación de impuestos, nómina y contabilidad. Nunca iré en su contra ni le haré quedar mal; a veces los clientes vienen a mí y culpan a su preparador de impuestos por errores existentes, pero siempre los corrijo: Les recuerdo que no fue culpa del preparador de impuestos, sino de ellos, porque ellos son los que proporcionaron con dicha información al preparador, y la mayoría de las veces, el cliente ni siquiera revisa la declaración de impuestos.

Si se ponen a la defensiva y alegan que no revisaron la declaración porque no saben cómo preparar declaraciones de impuestos y, si bien esto puede ser cierto, conocen (o deberían conocer) sus cuentas, especialmente si son propietarios de un negocio. La mayoría de las veces, desde un principio el contribuyente fue el responsable del desorden en que se encuentra, aunque no siempre quiera admitirlo.

Si nos recomienda a un cliente suyo, me comprometo a trabajar juntos y, por eso, es una buena oportunidad para todas las partes involucradas. Si trabajamos juntos, tendrá la oportunidad de ganar más dinero al brindar otros servicios porque, la mayoría de las veces, cuando un cliente viene para recibir representación ante una auditoría, generalmente también necesitará servicios adicionales de contabilidad, y usted será la persona a cargo de proveerle con este servicio. Soy explícito con el cliente, y lo menciono también en mi carta de compromiso de servicios: en caso de que el cliente necesite trabajo adicional, como depuración de cuentas contables, preparación de documentos y cuestionarios con información sobre la nómina, esto requiere una tarifa adicional, y recomendaría al cliente que lo contrate a usted para esos servicios.

Si decidimos trabajar juntos, entonces deberá proporcionarme la información necesaria, como la información financiera, ingresos, activos, cuentas bancarias y cuentas de jubilación. Sabemos lo que sucede con muchos de los contribuyentes: nuestros clientes comienzan a completar el papeleo, escriben su nombre, a veces escriben la dirección y luego, de repente, se sienten cansados. Dejan de completar los formularios porque ven que es demasiada información y consume mucho tiempo. La mayoría de ellos no están acostumbrados a tal cantidad de papeleo, por lo que usted tendrá la oportunidad de ayudarlos y ganar algo de dinero adicional. Otra cosa a tener en cuenta es que un alto porcentaje de contribuyentes que tienen una deuda tributaria con el IRS dejan de presentar declaraciones porque piensan que, si presentan una declaración de impuestos, el IRS sabrá que existen y dónde viven. Por alguna razón, creen que, al no presentar declaraciones de impuestos, sus problemas desaparecerán. Pero, por supuesto, nosotros sabemos que el problema no desaparecerá; solo empeorará. Esto significa que muchas veces los clientes tendrán que presentar declaraciones de impuestos de años anteriores, que es lo que usted hará si trabajamos juntos. Cuando me contraten, puedo representarlos frente a una auditoría o para negociar una deuda tributaria pendiente.

También puede anunciar que brinda servicios de resolución de impuestos, si tiene el conocimiento y la experiencia necesarios, y luego hacer lo que hice antes de convertirme en un agente registrado: ayudé a mi primer cliente en 1996 ante el Tribunal Tributario. Yo no lo estaba técnicamente representando, pero vino con un montón de papeles y me pidió ayuda porque no sabía qué hacer. Empecé a leer lo que me había traído y le dije que tenía derecho a solicitar una solicitud ante el Tribunal Tributario. Le di una lista de lugares a los que podía ir para conseguir representación legal, pero no quiso; insistió en que solo quería mi ayuda. Como no era abogado y no lo representaba, no podía brindarle asesoramiento legal, pero no tenía nada de malo ayudarlo a completar el papeleo. A veces, cuando tenía que llamar al IRS y me decían que no tenía la autoridad para llamar en nombre de un contribuyente porque no era un CPA, un Enrolled Agent o un abogado, simplemente decía que no estaba representándolo, pero mi cliente estaba aquí y dispuesto a darme su autorización para que yo le explicara lo que no entienda. Por supuesto, no todo se puede hacer de esta manera y, en algún momento, deberá comunicarse directamente con el IRS; de lo contrario, puede terminar perjudicando al contribuyente más que beneficiándolo.

Si no tiene estas habilidades, nos complacerá brindarle servicios de resolución de impuestos y, al final del día, es imperativo que haga tanta publicidad como sea posible de los servicios que provee. Como ya mencioné al comienzo de este capítulo, realmente quiero que todos mis colegas salgan ganando, y sé que hay más que suficiente trabajo para todos en lo que hacemos. Nos conviene a todos compartir clientes y trabajar en las áreas en las que nos sentimos más adeptos y capaces.

CONCLUSIÓN

Me gustaría recordarles a todos los que lean este libro que todos en los Estados Unidos, en algún momento, se convertirán en contribuyentes porque todos nos ganamos la vida y recibimos ingresos. Y de acuerdo con la ley, todo está sujeto a impuestos, a menos que algo esté específicamente excluido por ley, y todos sabemos que el gobierno modifica y actualiza las reglas constantemente. Pero, en pocas palabras, todo lo que recibimos, y no me refiero solo al dinero, podría considerarse como un beneficio, un ingreso, un activo o un regalo, y como dije antes, todo lo que recibimos implica tener que pagar impuestos, a menos que esté excluido por ley. Creo que este es un país que acoge a las personas y quiere ayudarlas a tener éxito, pero también hay leyes y reglamentos que se deben seguir, como en cualquier otro país.

Al final del día, la vida será menos estresante, y usted dormirá mucho mejor por la noche, si pone sus finanzas e impuestos en orden. Eso va para todos los contribuyentes, incluyéndome a mí. Y si podemos contratar a la mejor persona para que nos ayude con nuestros impuestos, ¿por qué no hacerlo? Quienquiera que crea tener el conocimiento y las habilidades para minimizar su deuda tributaria sin infringir la ley, es alguien en quien vale la pena invertir porque también invertirá en usted mismo y en su futuro. Esa es una opción que todos merecemos en la vida.

RECONOCIMIENTOS

En primer lugar, quiero agradecer a Dios por la oportunidad que me ha dado de servir a los demás. A mi hermosa esposa Silvia por siempre darme apoyo y por estar siempre a mi lado cuando más la necesito; te amo con todo mi corazón. A mis hermosas hijas Kary por todas tus enseñanzas sobre crecimiento personal y a Laury por su compromiso y por trabajar con tanto ahínco; y por supuesto, a mi adorable nieto, Sebastián. A mi hermano Carlos y a mis hermanas Lulu, Lupe, Coco y Tina, tuvimos opciones y encontramos la manera de salir adelante cuando perdimos a nuestro padre. A todos los miembros de nuestro equipo, The NAVA Group, por creer en mi sueño. Y, por último, pero no menos importante, a mis mentores que han compartido su sabiduría conmigo, ya saben quiénes son. Especialmente a Michael Rozbruch, quien me enseñó los "secretos" para construir un negocio de resolución de impuestos muy exitoso.

SOBRE EL AUTOR

 El Sr. Antonio Nava tiene el reconocimiento más alto con el Servicio de Impuestos Internos (IRS) como Enrolled Agent. Puede proteger, representar y defender a los contribuyentes ante el IRS con sus problemas fiscales en los cincuenta estados. Ha trabajado en esta rama desde 1993 y tiene una amplia experiencia en el campo. El Sr. Nava es capacitador, orador y mentor de profesionales de impuestos en todo el país. También es fundador de The NAVA Group Co., LLC, que se especializa en brindar servicios de contabilidad, planificación fiscal, preparación de impuestos, nómina, seguros y asesoría a propietarios de empresas. Su sede se encuentra en Irvine, California; sin embargo, da atención a clientes en todo el país.

Made in the USA
Columbia, SC
13 April 2023

14802983R00076